COMME ON PERD UN EMPLOI PUBLIC

EN FRANCE.

COMME ON PERD UN EMPLOI PUBLIC

EN FRANCE,

OU

MÉMOIRE JUSTIFICATIF,

D'UN MAGISTRAT

QUI POURRA JETER QUELQUES LUMIÈRES SUR LA
DISGRACE DE PLUSIEURS AUTRES.

> O Dieu , qui punis les outrages
> Que reçoit l'humble vérité ,
> Venge-moi : détruis les ouvrages
> De ces lèvres d'iniquité.
> J. B. ROUSSEAU , ode XII . l. r.

DE L'IMPRIMERIE DE J. MORONVAL.

A PARIS,

Chez J. MORONVAL, rue des Prêtres-St-Severin ,
et quai des Augustins.

1816.

COMME ON PERD UN EMPLOI PUBLIC

EN FRANCE,

OU

MÉMOIRE JUSTIFICATIF

D'UN MAGISTRAT

QUI POURRA JETER QUELQUES LUMIÈRES SUR LA DISGRACE DE PLUSIEURS AUTRES.

———————

Sɪ l'inexplicable injustice dont je viens d'être la victime ne frappait que sur moi seul, peut-être me serais-je déterminé à n'en pas demander la réparation. Content de ma propre conscience et de l'estime des gens de bien, je me serais probablement retiré dans quelque coin où, satisfait de ma médiocre fortune, je me fusse borné à faire des vœux pour la Patrie et pour le Roi ; mais, d'une part, je suis père de

famille , et , comme tel , je dois compte à mes
enfans et de l'intégrité de ma réputation et de
la perte d'un emploi honorable , qui , dans la
suite , pouvait aider à leur établissement dans
le monde ; de l'autre , un motif plus puissant
encore me sollicite à publier cet écrit ; c'est
que je n'ai été promu à la magistrature qui
vient de m'être ôtée que par la protection
spéciale d'une grande Princesse ; et le profond
respect que doit inspirer cette protection auguste , me fait un devoir sacré de prouver
avec la dernière évidence que non-seulement
je m'en suis rendu digne dans l'exercice des
fonctions qui m'ont été confiées , mais que je
n'ai même pas un instant cessé de la mériter
de plus en plus.

Peut-être m'objectera-t-on qu'il est fort
étrange que je veuille à toute force entretenir
le public d'une affaire aussi peu importante
que celle de mon déplacement d'une sous-
préfecture ; affaire qui , dans tous les cas , ne
peut guères intéresser que moi et l'arrondissement dans lequel j'exerçais mes fonctions. A
cela je réponds : que dans les circonstances où

se trouve le royaume, une injustice grave,
faite pour ainsi dire de but-en-blanc à un
magistrat que le gouvernement avait, quelques
mois auparavant, jugé digne de sa confiance,
n'est pas aussi peu importante qu'on voudrait
bien le faire entendre ; parce qu'elle a nécessairement pour résultat de jeter le plus grand
découragement chez tous les administrateurs
et une dangereuse inquiétude chez les administrés. Elle ne m'est point non plus, cette injustice, aussi personnelle qu'elle le paraît au
premier abord ; car les moyens qui, à mon
égard, ont été employés pour perdre un magistrat intègre et dévoué, peuvent également
l'être pour en perdre cent autres : or, ces
moyens me paraissent évidemment attenta-
toires à l'autorité du Roi et subversifs de toute
bonne administration. Il est donc de mon devoir, et comme sujet fidèle et comme magistrat, de les signaler à la sollicitude de Sa
Majesté.

Sans doute, dans tous les temps et dans tous
les lieux, l'homme en place a été en but aux
traits de la calomnie : mais il faut pourtant

convenir qu'elle trouve de nos jours une mer-
veilleuse facilité à se faire écouter. Magistrats
de quelqu'ordre que vous soyez, vous qui,
dans le fond de la province, vous occupez
sans relâche et avec succès des intérêts du Roi
et de vos administrés; n'espérez pas lui échapper! Mais, direz-vous, je remplis avec zèle
et intégrité les fonctions qui me sont confiées. Comme vous, j'ose l'affirmer sans crainte
d'être démenti, j'étais un magistrat intègre
et zélé. Mais j'ai rendu des services à la cause
royale, et mon opinion n'a jamais varié.
Comme vous, je n'ai pas tout-à-fait été inutile
à cette cause; et mon opinion, trop connue
dans des temps dangereux, m'a attiré de lon-
gues persécutions. Mais mon dévoûment
n'est point apocryphe, et j'en ai fait preuve
dans plus d'une occasion. Je vous montrerai
que le mien n'a pas été moindre, et que peu de
Royalistes l'ont poussé aussi loin. Mais j'ai de
puissantes protections. Une grande Princesse
a bien voulu m'honorer de la sienne. Mais
enfin jamais deux sermens ne sont sortis de ma
bouche; je n'ai servi, je ne puis désormais

servir que la cause royale ; tout autre gouvernement entraînerait infailliblement ma ruine.

Je prouverai jusqu'à l'évidence que cette
situation est absolument la mienne ; et cependant, malgré tout cela, je viens de perdre
mon emploi ; je viens de le perdre au grand
scandale de beaucoup d'honnêtes gens auxquels mon dévoûment et mes opinions étaient
bien connus, et, j'ose le dire, au grand regret
d'un arrondissement tout entier, au sein duquel j'avais ramené la plus grande tranquillité.
Déjà l'esprit de parti commençait à perdre
de son acerbité ; déjà on respectait l'autorité
du Roi ; bientôt, j'ose l'affirmer, tous les
partis l'auraient aimé : nous verrons dans la
suite de cet écrit si le magistrat qu'on vient
de lui *imposer* est capable de remplir ce double
but. Ce mémoire pourra paraître long : je conviens qu'il l'est en effet ; mais c'est *qu'une
ligne accuse, tandis qu'à peine un volume jus-
tifie ;* c'est que le fait le plus simple, le propos
le plus insignifiant, en circulant rapidement de
bouche en oreille, s'enfle, s'envenime et devient
tout-à-coup une grande et terrible accusation ;

c'est qu'ayant été attaqué dans l'ombre et avec
les armes de la calomnie, et voulant me défendre au grand jour et avec celles de la vérité,
il faut que je la dise toute entière et sur tous
les points ; c'est que d'ailleurs, telle est la nature des imputations qui me sont faites, qu'il
faut, pour les détruire, que je raconte les
principaux traits de ma vie politique, et
même que j'en offre quelques uns de ma vie
privée ; car mes mœurs n'ont pas été plus
épargnées que mes opinions. Je prie donc le
lecteur, quel qu'il soit, d'avoir de l'indulgence
pour cet écrit. Il n'y verra peut-être pas sans
intérêt que les dangers que j'ai courus ont été
réels et imminens ; que toujours je m'y suis
exposé pour le service du Roi et de mon pays,
et que deux fois, en m'y précipitant, j'ai
failli épargner à la France, et peut-être à l'Europe entière, les maux incalculables qui l'ont,
pour ainsi dire, inondée depuis 1803 jusqu'à
présent. Si je n'ai pas réussi, on ne peut s'en
prendre qu'à des circonstances absolument indé-
pendantes de ma volonté ; car on reconnaîtra que
je n'ai manqué ni de résolution ni de constance

dans l'exécution. Et vous qui, sans me connaître, m'avez desservi avec acharnement ! s'il
vous reste encore quelque justice dans le cœur,
vous regretterez d'avoir été les instrumens de
l'intrigue pour perdre un père de famille que
tout, au contraire, devait vous faire un devoir
de protéger.

A l'âge de 10 ans j'eus, en 1793, le mal-
heur de perdre mon père à Strasbourg : il était
poursuivi par l'exécrable *Schenaider*, celui-là
même que *Robespierre* trouvait un scélérat.
Orphelin de si bonne heure, ma mère et moi
eûmes beaucoup à souffrir des circonstances
désastreuses dans lesquelles nous nous trou-
vions ; et pour compléter les chagrins de mes
parens, à 14 ans et demi je me vis dans la
nécessité de prendre les armes. Je fis donc sous
Moreau, et dans le dixième régiment de chasseurs à cheval, les dernières campagnes de cet
illustre et trop malheureux général : rentré
enfin, avec trois blessures, au sein de ma famille,
après le traité de Lunéville, il fut décidé que
je me rendrais à Besançon pour me livrer tout
entier à la carrière du barreau.

Cependant la réputation que l'on faisait dans ce temps-là à Bonaparte, les louanges qu'on lui prodiguait, m'importunaient déjà par deux raisons : la première, c'est que je ne pouvais me décider à voir un héros dans le déserteur de l'armée d'Egypte, étant sur-tout persuadé que ce n'avait été qu'à sa sollicitation qu'on avait entrepris cette funeste guerre. Son retour précipité en Europe marquait d'ailleurs évidemment un homme plus jaloux de son avancement que de son honneur ; car il fut alors condamné dans un conseil de guerre présidé par Kleber, comme un lâche déserteur. La seconde, c'est que, comme soldat de Moreau et ayant par conséquent pour lui l'amour et la vénération qu'il avait si bien su nous inspirer à tous, il m'était insupportable d'entendre louer l'autre à son détriment et de voir que, par un engouement inexplicable, on préférait l'ambitieux effronté au grand homme modeste. Bientôt, enfin, les crimes dont Bonaparte se couvrit coup sur coup, allumèrent dans mon cœur une haine qui ne s'éteindra jamais, et dont je lui ai donné toutes les preuves qui étaient en mon pouvoir.

J'étais trop jeune à cette époque pour avoir eu
le bonheur de connaître personnellement mes
maîtres légitimes ; néanmoins les dispositions
dans lesquelles je me trouvais relativement à l'op-
presseur de mon pays ne tardèrent pas à me lier
intimement avec les royalistes de Franche-Comté. Les récits qu'ils me faisaient de la touchante
bonté du Roi, les tableaux qu'ils me traçaient et
que j'ai reconnu depuis être si vrais, de la can-
deur et de la noble franchise du reste de son illustre maison ; la profonde horreur que m'inspirait
le massacre de la famille royale ; les pleurs que
j'avais si souvent versés sur les malheurs inouïs
autant que peu mérités d'une Princesse, le mo-
dèle de son sexe et l'honneur de l'espèce humaine ; la ferme persuasion enfin que le bon
droit était seul de ce côté, tout me fit jurer aux
Bourbons un respect et un amour d'autant plus
solides, qu'aucun intérêt personnel ne les avait
fait naître. Bientôt, l'occasion s'étant présentée
de les manifester, je la saisis avec tout le feu de
la jeunesse et tout l'enthousiasme que devait
naturellement inspirer une aussi noble cause.

Dans le courant de 1805, Bonaparte dévoi-

lait déjà l'odieux caractère qu'il a tout entier
développé depuis. Le Turenne de nos jours était
exilé; l'infortuné Pichegru assassiné dans son
cachot, à la manière des tyrans de l'Orient; le
sang ruisselait de tous côtés, et la sombre insolence des agens du gouvernement était au plus
haut point. Toutes ces circonstances réunies
avaient excité dans la Franche-Comté, et notamment dans le Jura, patrie de Pichegru, la plus
grande comme la plus heureuse fermentation;
toutefois, cette fermentation, si je puis m'exprimer ainsi, était encore isolée dans chaque
tête, et ce n'était qu'en lui assignant un point
d'union qu'on pouvait en attendre l'explosion
désirée.

Quelque bien informé que me paraisse d'ailleurs l'auteur de l'histoire des sociétés secrètes
de l'armée, sous Bonaparte, je ne puis être de
son avis quand il affirme que l'affaire dont je
vais rendre compte avait, pour ainsi dire, été
créée par la prévoyance et les combinaisons
profondes des chefs de la société des Philadel-
phes; je crois pouvoir assurer, au contraire,
que cette société, dont je connaissais parfaite-

ment l'existence, en tant que société, n'y a coopéré en rien. Car il ne faut pas se dissimuler qu'il n'a manqué à cette conjuration, pour qu'elle réussît dans tous les points, que le temps nécessaire pour en consolider les élémens. Et en effet, la fermentation qui échauffait alors les têtes n'était, en aucune façon, le résultat d'un plan formé de les exalter, mais bien la suite nécessaire de la conduite odieuse du tyran et de l'insolence de ses agens : or, c'est cette fermentation générale, quoiqu'individuelle, qui fit naître aux royalistes l'idée de conspirer avec la possibilité de réussir ; et ce qui le prouve sans réplique, c'est que les élémens de cette conspiration, une fois séparés par la police, il a été dans la suite de toute impossibilité de les réunir de nouveau. Loin donc, comme l'affirme l'auteur que j'ai cité, que tout fût disposé pour une grande tentative de quelque nature qu'elle fût, rien, au contraire, n'était bien assuré que la bonne volonté d'un grand nombre d'individus qu'il était dangereux de laisser refroidir, et très-possible, mais non pas très-facile de faire concourir au même but.

Les bases de la conjuration n'étant point encore posées, on sent que, malgré l'activité des
chefs, il dut s'écouler encore bien du temps
en négociations de toute espèce. Enfin le plan
en fut décidément arrêté, et il resta convenu :
Qu'on attendrait l'arrivée de Bonaparte en Italie
où il allait se faire couronner, avant de rien entreprendre ; qu'alors, l'insurrection commen-
cerait par Besançon même et s'étendrait rapidement sur tout le reste de la province. Les moyens
d'opérer ce mouvement se trouvaient en notre
pouvoir, ayant des agens partout et la certitude
que la citadelle de Besançon nous serait livrée au
premier signal. Un corps, dont les chefs étaient
tous désignés et le nombre fixé, devait rapidement se porter sur la petite ville d'Auxonne,
où des intelligences étaient ménagées, et en
s'emparant de son arsenal, nous fournir des armes de toute espèce. Enfin le Lyonnais et la
Suisse devaient alors se lever à leur tour, et pendant que l'insurrection gagnerait le cœur de la
France, s'opposer à la rentrée de Bonaparte.
Tel était ce plan, dont la témérité même eût
peut-être assuré le succès.

Les choses en étaient à ce point, et l'on dis-
cutait une nuit, dans un conseil *ad hoc*, sur
quelques parties du plan que je viens de citer,
quand j'ouvris tout-à-coup un avis qui réduisait
la plus audacieuse des entreprises à une opération pour ainsi dire infaillible. Je fis observer
que l'itinéraire de Bonaparte pour se rendre en
Italie, le faisait passer au travers des montagnes
du Jura ; que même il devait traverser le foyer
de l'insurrection ; j'ajoutai qu'il serait absurde
de ne pas profiter de cette circonstance pour nous
emparer de lui ; vu que cela parait à tous les
inconvéniens, en nous évitant les horreurs
d'une guerre civile ; et qu'après tout il valait
mieux, si la nécessité nous y contraignait, que
le sang du tyran coulât, que d'être obligés de
le répandre à flots dans des convulsions intes-
tines, dont les résultats, presque toujours in-
certains, finissent par coûter des larmes et des
regrets aux vainqueurs comme aux vaincus ; et
tout de suite je me proposai pour commander
l'expédition. (Voyez pièces Nos. 1, 2, 3, 4, 5.)

Cet avis fut un coup de lumière pour le conseil ; chacun s'étonna de n'y avoir pas pensé

plus tôt. La délibération prise au même ins-
instant, je fus unanimement nommé à ce péril-
leux, mais honorable commandement; et telle
fut l'activité des chefs de l'entreprise, que
quelques jours après j'étais à la tête de près
de 200 hommes choisis et résolus à tout.

L'endroit du rendez-vous était la forêt de
Tassenière, lieu on ne peut plus propre pour
une semblable expédition, en ce que la route la
traverse dans une étendue considérable, et se
trouve extrêmement resserrée par des taillis
épais qui la bordent des deux côtés. Arrivé au
point désigné, je fis quatre pelotons de ma
troupe : les deux premiers devaient brusque-
ment attaquer, l'un l'arrière-garde, l'autre
l'avant-garde de Bonaparte, et se soutenir de
manière que toute communication avec sa
voiture leur fût interdite. Le troisième, composé d'excellens tireurs, tous armés de fusils
doubles, n'était destiné qu'à faire feu sur les
chevaux de la voiture, et, à la tête du qua-
trième, je devais me précipiter sur elle et
enlever Bonaparte mort ou vif.

Tout étant ainsi disposé, j'attendais l'instant
d'agir, avec une impatience d'autant plus vive

que j'avais tout à craindre que parmi le grand
nombre d'hommes engagés dans cette affaire,
il ne s'y trouvât un traître ; et mes craintes,
comme on va le voir, n'étaient que trop bien
fondées. Déjà plusieurs coureurs disposés à cet
effet étaient venus nous annoncer que Bonaparte approchait, quand un dernier vint, en
désordre, avertir que tout était perdu ; que le
tyran, au dernier relai seulement, avait brus-
quement changé de route, avec des marques
si visibles de trouble, qu'on ne pouvait douter
qu'il ne fût prévenu de l'entreprise. A cette
désastreuse nouvelle, je m'enfonçai dans le
bois avec ma troupe et la licenciai aussitôt que
la nuit fût venue. Alors je me hâtai de re-
gagner Besançon ; mais déjà les ordres de nous
arrêter étaient donnés, et je trouvai tout le
monde dans la consternation.

Chacun dès-lors, n'ayant rien de mieux à faire,
songea à sa sûreté personnelle ; mais tous ne
furent pas également heureux à se la procurer :
les uns furent traînés, la chaîne au cou, et en-
fermés dans d'étroits cachots ; les autres furent
conduits dans des forts, et moi-même je payai
par la perte d'un établissement avantageux et

neuf ans de persécution, le premier service que j'ai voulu rendre à la cause royale... J'ose croire que mes ennemis même accorderont que j'étais alors un royaliste assez pur : nous verrons dans la suite de cet écrit si j'ai un seul instant cessé d'être le même.

Pourchassé par la police du tyran, placé enfin, pour toute grâce, sous une surveillance spéciale et rigoureuse, (Voy. pièce N°. 6.) avec injonction de ne m'approcher, sous aucun prétexte, ni de Besançon, ni de Paris, je me retirai à l'écart, et, tranquille au sein de ma famille, ne voyant pour lors aucun moyen de servir activement la cause que je portais dans mon cœur, je me livrai tout entier à la culture des arts et à l'exercice de ma profession d'avocat. Ce n'est pas cependant que je laissasse éteindre dans mon âme, ni dans celles des royalistes que je fréquentais, le feu que nous appellions, à si juste titre, *Sacré*. Je faisais, au contraire, tout ce qui était en moi pour l'entretenir chez les uns et le raviver chez les autres : car, convaincu que l'empire du mal ne peut être durable, je n'ai jamais perdu l'espérance. J'employais, pour parvenir à ce but, le peu d'éloquence et de talens poétiques que la nature m'a départis. Je récitais, par exemple, dans l'intimité, et je faisais circuler les vers suivans, qui, s'ils ne brillent pas d'une grande force de poésie, ne laissent du moins aucun doute sur la nature des sentimens qui les ont inspirés. Après avoir peint la conduite de Bonaparte pendant la terreur, je m'écriais :

O généreux Moreau, héros du premier âge ;
Ton grand cœur t'a trompé, tu le crus vertueux ;
    Ah ! connais ce monstre sauvage,
    Vois le sang !... Cris infructueux,
Il n'est plus temps : le tigre a saisi sa victime ;
Il rugit et déjà s'apprête à l'égorger.
Mais que vois-je ? ô transport ! ce héros magnanime
Entouré d'assassins brave encore le danger.

Fuis ton triste pays ; l'infâme calomnie
Y lève impudemment sont front ensanglanté.
    Fuis ; la mort et la tyrannie
    Frappent un peuple épouvanté.
Mer, applanis tes flots ; le fils de la victoire
Vient chercher un asile au milieu de tes eaux ;
Remets à Wasington son compagnon de gloire,
Les héros savent seuls estimer les héros.

Quoi , verrais-je toujours dans cette indigne histoire
Sans aucune vertu les forfaits des Césars !
    Où suis-je ? ô fille de Mémoire ,
    Quel tableau s'offre à mes regards !
Ah ! peuple infortuné ! malheureuse Ibérie !
On ravage tes champs ; où sont donc tes guerriers ?
Que font-ils dans le nord ? Si loin de leur patrie ,
Il ne croîtra pour eux ni palme ni lauriers.

Hé bien Néron Français , fais éclater ta joie !
Tu vas bientôt régner sur de vastes déserts :
    La sublime et brillante proie
    Qu'un peuple expirant dans les fers !
Des champs abandonnés , des ruines fumantes ,
Des cadavres sanglants sur la poussière épars ,
Sont les fruits cultivés par tes mains triomphantes
Et les dignes tableaux qui charment tes regards.

Ah ! que de gloire , ô ciel , en dépit de l'envie
Eût versé sur ton nom l'auguste vérité !
    Combien grande eût été ta vie
    Aux yeux de la postérité !
Si des fougueux partis réprimant la furie ,
Ton bras , en assurant le maintien de nos droits ,
Eût donné pour Monarque à ta noble patrie
Un BOURBON , et la gloire, et des mœurs et des lois.

C'était encore là un autre genre de péril
auquel je m'exposais ; car il est hors de doute
que si ces vers fussent tombés entre les mains
de la police , et que j'en eusse été soupçonné
l'auteur le moins du monde , j'aurais payé de
ma liberté la hardiesse de proclamer les crimes
de l'usurpateur et mon amour pour une famille alors proscrite. Quoi qu'il en soit , on
voit que mes opinions politiques n'avaient pas
varié ; mais , je l'ai déjà dit ; la calomnie qui ,
comme les harpies des anciens, empoisonne
tout ce qu'elle touche , la calomnie a fait ré-
péter par les cent bouches qu'elle a toujours à
son service , que j'étais un homme sans religion et sans considération pour ses ministres.
A cette odieuse imputation , je pourrais répondre que mon attachement à la famille des
Bourbons devrait m'être un garant suffisant de
mon respect pour la religion, car l'un ne peut
guère se concevoir sans l'autre ; mais , pour ne
laisser aucune prise à mes détracteurs , je vais
donner une autre preuve de mes sentimens à cet
égard. Voici une Ode sur la destruction des
temples , en 1793 , que je composai en 1812.

Quel effroyable bruit au loin se fait entendre?
Quelle horrible secousse agite l'univers?
L'ange exterminateur va-t-il enfin descendre?
Le son de la trompette a-t-il rempli les airs?
 Les rochers vont-ils se dissoudre?
 Vient-il aux lueurs de la foudre
 Ce grand Dieu qu'ils ont immolé?
Entrevois-je déjà les tombes qui s'élèvent?
Vois-je les fronts poudreux des morts qui se soulèvent
 Sur leur monument écroulé?

Non : mais le temple saint est souillé par l'impie;
Israël est en deuil : son peuple consterné.
L'ange de la révolte a soufflé sa furie
Dans le sein corrompu d'un mortel forcené.
 Suivi d'une horde farouche,
 Il va, le blasphème à la bouche,
 Insulter un Dieu de bontés;
Et d'un bras furieux, forçant le sanctuaire,
Présenter à son juge une récolte entière
 Des forfaits les plus détestés.

Il s'écrie : abattons, renversons cette idole
 Qui retint trop longtemps le peuple dans les fers;
Que le Vatican tombe; et que le Capitole
Renaisse de sa cendre aux yeux de l'univers!
 Il dit : et précédant sa trace
 L'effroi, la fureur et l'audace

Sèment la mort et la terreur :
Comme on voit de l'Etna la lave dévorante
Porter, avec ses feux, l'horreur et l'épouvante
    A l'infortuné laboureur.

Tout cède à leur fureur : la croix est renversée ;
Le prêtre en vain s'exhale en des cris menaçans ;
Les monstres se sont dit : le Dieu de la pensée
N'a pas besoin d'autels, de prêtres, ni d'encens....
    Mais d'où partent ces cris sinistres ?
    Dieu ! c'est la voix de tes ministres
    Aux pieds des autels massacrés :
Leur sang, à gros bouillons, dans tes temples augustes
Coule ; en traçant l'arrêt de ces hommes injustes
    Sur leurs pavés si révérés.

Malheureux, arrêtez ! quelle rage funeste
A tout-à-coup saisi vos féroces esprits ?
Frémissez que bientôt la justice céleste
Lasse de vos forfaits, n'en paie enfin le prix !
    Voyez, par vos mains déchirée,
    La religion éplorée
    Qui va déposer contre vous :
Quoi ! parce que la foudre est encore suspendue,
Et qu'un Dieu de bontés la retient dans la nue,
    Vous osez braver son courroux !

Mais les temps sont venus ; vos destins s'accomplissent.
Vos sacriléges mains ont détruit ses autels :
Ses redoutables coups enfin s'appesantissent.
Tremblez, prosternez-vous audacieux mortels !

    Il vient, il vient ce Dieu terrible,

    Pour venger l'attentat horrible

    De ses mystères avilis :

Déjà j'entends la mort réclamer ses victimes ;
Je la vois, de sa faulx, entr'ouvrir les abîmes,

    Où vous serez ensevelis.

Je réponds d'avance à une objection qu'on
ne manquera pas de me faire : un auteur, me
dira-t-on, ne pense pas toujours comme il
écrit. Oui, sans doute, un écrivain qui destine
un ouvrage au public peut bien penser et
même agir autrement qu'il écrit ; cela n'est
malheureusement que trop souvent arrivé : mais
un homme qui n'a, ni ne veut avoir la préten-
tion d'être auteur ; qui, dans la retraite et par
pur délassement, cherche à exprimer ses pen-
sées et ses sentimens dans un langage plus
énergique que la simple prose ; quand en outre
ces mêmes sentimens, rendus publics, ne peuvent servir ni à sa fortune, ni à son avancement ;

un pareil homme doit nécessairement n'écrire
ainsi que ce qu'il pense fortement; et c'est
précisément le cas où je me trouvais. Les vers
cités plus haut n'étaient donc, en 1812, que
l'expression des sentimens qui m'animaient.
Or, par quelle logique de calomnie pourra-
t-on établir qu'en 1815, revêtu d'une magistrature honorable, et ce, par la protection spéciale
d'une grande Princesse aussi élevée par son
admirable piété que par son rang; comment,
dis-je, pourra-t-on persuader que le même
homme ait pourtant changé tout-à-coup de pa-
reils sentimens, à l'instant même où, ne les
eût-il pas eus, tout devait l'engager à les feindre?
Convenons-en donc; cette imputation est évidemment absurde. Ainsi passons à d'autres inculpations portant sur des faits en apparence
plus graves, et voyons si elles sont mieux
fondées.

Cependant le sort de Bonaparte et celui de
la France venaient de se décider à Léipsick,
et déjà l'on parlait sourdement de l'entrée des
alliés sur le territoire. Mais tel était encore à
cette époque le prestige de vingt années de suc-

cès que, malgré qu'on sût parfaitement que
nous n'avions plus d'armée sur le Rhin, on ne pouvait se persuader la chose possible; et la tranquille assurance de la plupart des Français à cet
égard était réellement quelque chose de remar-
quable. Enfin toutes les incertitudes cessèrent;
les Autrichiens, en pénétrant en Suisse, mena-
cèrent la Franche-Comté d'un envahissement
aussi prochain qu'inévitable. Alors chacun prit
le parti que lui indiquaient ses intérêts, son pa-
triotisme ou son courage; les uns, et ce fut
le très-grand nombre, restèrent paisibles spec-
tateurs de cette sanglante lutte; les autres y
prirent une part plus ou moins active, et je
fus du nombre de ces derniers.

C'est ici le grand cheval de bataille de mes
ennemis. « Comment, disent-ils, un homme
» qui a fait la campagne de 1814 comme Ca-
» pitaine de partisans, peut-il se dire dévoué
» à la cause Royale? » La calomnie a bien
le mot de cette énigme (si toutefois c'en est
une); mais comme elle ne le dira certainement
pas, je vais le faire à sa place. Le voici:

Lorsque j'appris avec certitude que les Au-

trichiens étaient sur le point d'entrer en Franche-Comté, je me rendis dans le Jura, et là,
ayant réuni quelques royalistes dévoués, je
leur fis observer que le moment était enfin venu
de faire réussir l'entreprise qui avait échoué
en 1803; que les Autrichiens, ou avaient le dessein de remettre Louis XVIII sur le trône,
ou qu'ils n'y songeaient pas; que, dans l'un
et l'autre cas, il était de la dernière importance qu'à leur arrivée ils trouvassent les couleurs royales arborées; qu'en conséquence il
fallait s'emparer des autorités de Bonaparte,
déployer l'étendard royal, et le soutenir au
besoin contre les alliés mêmes; extrémité à laquelle on ne serait probablement pas réduit,
vu qu'il n'était nullement vraisemblable qu'ils
voulussent se mettre la population à dos. Ces
ouvertures furent spécialement faites à M. le
Marquis de Champagne, ancien commissaire
extraordinaire du Roi en Franche-Comté, et
à MM. Breney frères, dont l'un est maintenant garde-du-corps du Roi; parce que leur
dévoûment m'était mieux connu, et que M. de
Champagne sur-tout, tant par son caractère

que par sa fortune, jouissait d'un grand crédit
dans le pays. Mes efforts ne furent malheureusement point couronnés du succès; la police
du tyran inspirait encore de trop fortes appré-
hensions. Il aurait fallu du temps pour les détruire, et c'est précisément ce qui manquait;
car quelques jours après les Autrichiens entrèrent à Lons-le-Saulnier, chef-lieu du département du Jura.

Mon projet n'ayant pas réussi, mais voulant absolument savoir à quoi m'en tenir sur
les intentions de l'Autriche, je pris le parti
de me présenter chez M. *le Comte de Zichi*,
Colonel du régiment des hussards de *Lichtens-
tein* et Commandant provisoirement le département. Je m'offris à lui, revêtu de la cocarde blanche, et lui dis que tous les honnêtes
gens n'attendaient qu'un signe de sa part pour
arborer la fleur de lys et reconnaître hautement
leur Souverain légitime. Mais qu'on juge de
ma surprise et de mon indignation, quand cet
homme, se levant avec colère, vint à moi,
m'arracha ma cocarde, en me traitant de traître,
de sujet rebelle à mon Empereur, et en me

menaçant non-seulement de me faire conduire à lui pieds et poings liés, mais même de me faire fusiller sur l'heure si je me permettais d'engager le moindre citoyen à suivre mon exemple. Je sortis de chez lui la rage dans le cœur, et j'avoue que si le soir même j'avais pu trouver dans Lons – le - Saulnier dix hommes seulement bien déterminés, je n'en serais pas sorti seul : je l'eusse enlevé, lui et ses drapeaux, en dépit de tout son régiment. Enfin, je partis au milieu de la nuit, par un temps et des chemins effroyables, et en faisant le serment de me venger autant qu'il serait en mon pouvoir, de l'outrage fait à ma cause et à moi-même. Ces sortes de sermens sont irrévocables pour moi ; et voilà le motif qui m'a déterminé à faire la campagne de 1814 : maintenant, voici comment je l'ai faite.

Eloigné de Lons–le–Saulnier, mon intention était de me joindre au premier régiment de ligne que je rencontrerais et de prier le Colonel de me permettre d'y faire la campagne volontairement et à mes frais ; quand, à Châlons, le hasard me fit aboucher avec M. le

Comte Gustave de Damas qui venait d'y arriver. Le nom qu'il porte me dispense de faire
l'éloge de sa bravoure ; mais je ne puis me refuser au plaisir de rendre un hommage mérité
au talent supérieur avec lequel il a fait cette
guerre aussi difficile que dangereuse, étant
parvenu, au milieu du désordre qui régnait
alors, à lever, habiller et armer un très-beau
bataillon. Je lui dis mes intentions, et il eut la
bonté de m'offrir une compagnie, à mon choix,
dans sa légion : j'acceptai son offre, et je pris
celle des voltigeurs. Bientôt nous nous joigni-
mes au petit corps d'armée commandé par
M. le Comte de Montholon ; et voici l'attestation que ce général m'a donnée de ma conduite.

« Je soussigné, Maréchal-de-camp des
» armées du Roi, chevalier de Saint-Louis,
» Officier de la Légion-d'honneur, etc.,
» ayant commandé le département de la Loire
» pendant la campagne de 1814 : Certifie que
» M. Benoît Buguet, capitaine de la compa-
» gnie de voltigeurs de la légion de Damas,
» s'est bien et vaillamment conduit dans la

» susdite campagne, qu'il a faite sous mes
» ordres.

» J'atteste que cet Officier, à la tête de cent
» hommes, ayant passé la Loire et surpris
» l'ennemi à Feurs, s'y est défendu pendant
» plus de trois heures contre 800 Autrichiens
» qui avaient pour but de reprendre les bacs
» et bateaux dont le capitaine Buguet s'était
» emparé; mais que sa vigoureuse résistance
» ayant donné, à une colonne venant de Mont-
» brison, le temps d'arriver, le résultat de cette
» expédition a été de retarder de près d'un
» mois l'occupation du département de la
» Loire.

» J'atteste de plus, qu'à Tarare, le même
» Officier, à la tête de cinquante voltigeurs seu-
» lement, a courageusement attaqué et cul-
» buté un bataillon d'arrière-garde qui s'y
» trouvait stationné.

» Enfin, j'atteste que la décoration de la
» légion d'honneur a été demandée plusieurs
» fois pour M. Buguet pendant le cours de
» la campagne de 1814, et que deux fois j'ai
» été autorisé par le Ministre de la guerre à

3

» lui témoigner que Son Excellence était satis-
» faite de sa conduite.

» En foi de quoi j'ai cru devoir lui donner
» le présent pour lui servir devant qui de droit.»

A Paris, le 28 juillet 1814.

Signé, le Général Comte DE MONTHOLON.

Je ne saurais penser qu'il existe un Français
vraiment digne de ce nom, qui puisse affirmer
qu'une pareille pièce doive être un titre d'ex-
clusion aux emplois publics ; car, en suppo-
sant même que je n'eusse pas été déterminé à
entreprendre cette campagne par la conduite
du Comte de *Zichi*, qui serait assez hardi pour
me blâmer de n'avoir pas deviné quels en seraient les heureux résultats pour la France ?
Et dès-lors, ne pouvant voir que des ennemis
dans les troupes étrangères qui envahissaient
mon pays, quel est donc encore celui qui
oserait me faire un crime de les avoir com-
battues ? Si un pareil être existe, il faut le chercher parmi ces gens qui savent si bien couvrir
leur lâcheté du prétexte de l'opinion ; qui, la
portant au dernier point d'exaspération quand

il n'y a plus aucun danger de l'émettre, pensent se faire un grand mérite du fastueux étalage d'une affection sans bornes pour une cause dont le soutien et la défense ne leur ont jamais coûté un cheveu de leur tête. Ce n'est point ainsi qu'en agissent les vrais serviteurs du Roi : ceux qui tant de fois ont exposé et qui sont toujours prêts à sacrifier leur fortune et leur vie pour son service, ceux-là au contraire brillent autant par leur modération ferme et indulgente envers autrui que par leur fidélité à toute épreuve envers le Monarque ; et c'est ainsi que, dans tous les temps, l'homme véritablement vertueux est aussi indulgent pour les autres que sévère pour lui-même.

Au reste, le Roi a décidé la question en conservant à M. de Damas son grade de Colonel qu'il n'avait pas avant la campagne de 1814, et en le faisant Officier de la légion d'honneur et Chevalier de Saint-Louis. Pourquoi donc aurais-je un sort différent du sien, moi qui, jusqu'ici, n'ai eu pour récompense des services rendus soit à la cause royale, soit à mon pays, que des blessures, des dettes, des in-

3.

justices et des dégoûts ? Mais je crois ce point
suffisamment éclairci : passons donc à d'autres
inculpations ; et puisque la calomnie ne se
lasse pas de nous attaquer, ne nous lassons pas
de nous défendre.

Cependant, ayant appris avec certitude l'entrée de Monsieur à Paris et l'heureuse fin qu'a-
vait eue la campagne, je me rendis dans la capitale avec la seule intention de me procurer
le bonheur de voir enfin mon Roi légitime et
les Membres de son auguste Famille ; cependant
j'y restai beaucoup plus long-temps que je n'en
avais le projet, parce que je fus déterminé à
solliciter une sous-préfecture que, malgré une
haute protection, je ne pus obtenir alors. Je
suis conduit à détruire sur-le-champ la plus
odieuse comme la plus absurde des inculpations qui m'ait été faite, quoiqu'elle porte sur des
faits postérieurs à 1814 : néanmoins comme sa
réfutation complète tient à un écrit publié à
cette époque, elle trouve ici naturellement sa
place.

D'après tout ce qu'on a pu voir de moi dans
ce Mémoire, pourrait-on s'attendre que je suis

accusé de favoriser les jacobins et d'en être un moi-même ? A tout prendre, je conçois qu'un ennemi débite cette stupide infamie : l'envie de nuire explique sa démarche ; mais ce que je ne conçois pas, c'est la facilité avec laquelle des hommes aussi recommandables par leur rang que par leur probité se le sont laissé persuader. Pourtant : la réputation d'un magistrat, d'un père de famille, valait bien, il me semble, la peine qu'on prît de plus amples informations, et qu'avant d'agir pour le perdre, on fût au moins sûr de son fait : faisons donc ce qu'ils auraient dû faire, et voyons à quoi va se réduire mon prétendu jacobinisme.

Qu'en 1793, un homme, par une déplorableerreur, par ambition, par peur, (car la peur fait tout faire) ou par tout autre motif, ait professé ces épouvantables opinions, cela ne se conçoit malheureusement que trop : que désespérant ensuite de pouvoir effacer cette tache, il y ait persisté dans les temps même où ces opinions étaient proscrites, les exemples n'en sont encore pas rares ; mais que moi qui n'ai que trente-trois ans, et qui par conséquent

en avais à peine dix à l'époque de la terreur ;
qui , dans ces temps désastreux , suis resté orphelin et dans la plus cruelle position ; qui , à
quatorze ans et demi suis entré dans le dixième
régiment de chasseurs d'où je ne suis sorti
qu'en rentrant en France à la paix de Lunéville ,
c'est-à-dire à l'instant même où Bonaparte
usurpait l'empire ; que je sois allé, dis-je, me
chausser de pareilles opinions dans la tête, et ce,
à l'instant même où leur émission ne pouvait
produire à leurs sectateurs que la honte et les
châtimens ; cela est si évidemment absurde que
je pourrais borner là ma réfutation : mais il y
a plus : si je suis un jacobin, je ne puis l'être
devenu que depuis 1814 ; et voici comment je
le prouve :

ÉPITRE

CONTRE LES MÉCONTENTS,

ADRESSÉE AU ROI EN 1814.

PRINCE ! pour qui le ciel applanit les obstacles,
Et dont l'esprit sublime et fécond en miracles ,
Du milieu de la guerre a fait sortir la paix ;
Ne sois pas étonné , malgré tous les bienfaits ,
Que des hommes jugeant l'avenir par leurs crimes,
Ne mêlent pas leurs voix aux concerts unanimes
Dont un peuple enivré célèbre ton retour.
L'ange exterminateur annonçant le grand jour ,
Où Louis irrité revenu sur la terre
Armé des feux vengeurs du maître du tonnerre ,
Ne les eût pas saisis d'un plus puissant effroi
Que l'aspect imprévu du frère de ce Roi
Dont leur audace impie ose troubler la cendre.
Mais quoi ! de leurs remords tu ne peux les défendre !
Vainement du passé l'oubli trop généreux
Leur promet un repos qui n'est plus fait pour eux ;
Tu les couvres en vain de ta clémence auguste :

Leur mal est sans remède et le ciel toujours juste.
Accablés sous le poids d'un cuisant souvenir ,
De leur sombre fureur ils vont t'entretenir.
Courage , épuisez-vous en des plaintes amères !
Nouveaux Bellérophons , combattez des chimères !
Voyez dans l'avenir des maux dont nous rions ,
Et maudissez le Roi quand pour lui nous prions.
Ainsi , quand du Très-Haut les nombreuses phalanges
Font retentir les cieux du bruit de ses louanges ;
Du ténébreux séjour les habitans pervers
Blasphèment son saint nom en secouant leurs fers.
Mais de quel droit enfin votre voix téméraire
Voudrait-elle à Louis dicter ce qu'il doit faire ?
Citoyens vertueux , intrépides soldats ,
Le Corse est-il tombé sous l'effort de vos bras ?
Le prince vous doit-il l'amour qui l'environne ,
Son merveilleux retour, son sceptre, sa couronne ?
Ou bien , lorsque pour prix d'un affreux attentat
On remit en vos mains les destins de l'Etat ,
La France , alors tranquille autant que fortunée ,
Par la seule Thémis fut-elle gouvernée ?
Non , non; vous n'avez pas de titres aussi beaux !
Alors votre pays fut couvert de tombeaux ,
Alors on outragea la vertu , la nature.....
Eh bien! vous frémissez , votre bouche murmure :
« Emportés , dites-vous, par un zèle trompeur,
» Sans être criminels nous étions dans l'erreur ;

» L'amour de la patrie a causé tous nos crimes ;

» Nous voulions son bonheur et non pas des victimes ;

» Et quant à ce bon Roi dont le sang a coulé ,

» A votre liberté nous l'avons immolé :

» Nous crûmes l'assurer par ce grand sacrifice ;

» Et si le sort enfin ne nous fut pas propice,

» Si sous tant de revers il put vous écraser ,

» C'est lui , mais non pas nous , qu'il en faut accuser :

» Des arrêts du destin nous ne saurions répondre ! »

Malheureux , les Français sont là pour vous confondre !

Voyez-vous ce transport terrible et menaçant

D'un peuple tout entier qui crie en frémissant :

» Quoi , vous assassinez un prince légitime

» Et vous souffrez , qu'après , un tyran nous opprime !

» Où donc était alors ce zèle tant vanté ,

» Cet amour si brûlant pour notre liberté ?

» Un Corse ! son nom seul devait être un outrage !

» Etouffé tout-à-coup votre bouillant courage ;

» Il paraît : vous tremblez, émules des Romains ,

» Et le fer de Brutus échappe de vos mains !

» Il vous soumet sans peine aux lois de son empire,

» Vous viviez , vous vivez et le monstre respire !

» Que dis-je ! vous et lui pourriez dormir en paix,

» Si l'on dormait encore après tant de forfaits !..

» Cessez donc d'exciter des troubles dans nos villes,

» De souffler les poisons des discordes civiles ,

» Vous , qu'on vit tour-à-tour et jamais à moitié ,

» Esclaves sous un Corse , ou maîtres sans pitié. »

Mais enfin, supposons : tombeaux faites silence !....

Que d'une sombre erreur l'invincible puissance

Vous conduisit au crime, un bandeau sur les yeux :

Vos conseils désormais en vaudront-ils donc mieux ?

Par eux, durant vingt ans , déchirée et sanglante

La France à ses dépens devient enfin prudente. :

Confuse à vos seuls noms ; elle doit à jamais

Redouter des erreurs semblables aux forfaits :

Car nous vous avons vus , si féconds pour détruire ,

Devenir impuissans quand il fallait construire ;

Au sommet des grandeurs vanter l'égalité ;

Tout dégoûtans de sang, prêcher l'humanité ;

Au nom de la patrie égorger vos victimes ;

Et pour combler enfin nos malheurs et vos crimes,

Oui, c'est encore à vous qu'un peuple consterné ,

Dut le règne sanglant d'un tyran forcené.

Et quand il est détruit , quand à peine on respire ,

Libre du joug pesant de son cruel empire ,

Quand on doit ce bienfait au retour de nos Rois ,

C'est alors seulement qu'on entend votre voix !

Semblables aux roseaux courbés par la tempête ,

Dans le calme flatteur vous relevez la tête ;

Prompts à tout condamner , prompts à tout ménager ,

Votre audace commence où finit le danger ;

Insensés ! pourquoi donc rentrez-vous dans la lice ?

Notre bonheur pour vous est-il donc un supplice ?

Qui sait ? peut-être au sein des douceurs du repos ,
On aurait oublié les auteurs de nos maux.
Le Roi nous en donnait le magnanime exemple.
Ce Roi grand de bonté , que l'Europe contemple ,
Mais qui de vos remords ne peut vous décharger ,
Dans un profond oubli veut au moins vous plonger.
Ne résistez donc plus aux vœux de sa clémence ;
Votre intérêt tout seul vous prescrit le silence ;
Au lieu de nous troubler d'un triste souvenir,
Voyez dans le présent les biens de l'avenir ;
Voyez la paix fleurir au sein de nos provinces ;
Et bénissant aussi le plus aimé des Princes ,
Admirez comme nous par quel puissant effort,
Faisant tête à l'orage , il sut gagner le port ;
Et de l'Etat enfin , changeant les destinées ,
Assurer aux Français tant d'heureuses années.

En faisant abstraction du mérite littéraire de
cette pièce , on conviendra tout au moins que
mes sentimens , à l'époque où elle fut écrite
et adressée au Roi, n'étaient point apocryphes ;
ils sont même exprimés avec une énergie qui
en indique la fixité. Cependant on a dit que
dans ma sous-préfecture , en 1815 , non-seulement je protégeais les jacobins , mais que même on me voyait dans les cafés faire avec eux

des orgies aussi scandaleuses que contraires à
la dignité de premier magistrat d'un arrondissement. On l'a dit, quoiqu'il soit de notoriété
que je ne suis jamais entré dans un lieu public
à Charolles ; on l'a dit, quand il n'est pas moins
notoire que j'y suis arrivé n'y connaissant personne, et que depuis, je n'ai, pour ainsi dire,
fréquenté que M. de Sermage, procureur du
Roi, dont le dévoûment au gouvernement ne
peut être suspect ; on l'a dit, quoique les nombreuses occupations dont j'ai été accablé tout
en arrivant, ne m'aient tout au plus permis
que des visites indispensables. En cela, on a
suivi le précepte dont parle Beaumarchais :
*qu'il faut toujours calomnier, parce que, quand
cela ne brûle pas cela noircit.* Mais enfin, dira-
t-on, comment ce bruit-là s'est-il répandu et
accrédité? Eh ! mais, de la même manière que,
dans le monde littéraire, il s'était accrédité qu'un
enfant était né avec une dent d'or. Un ennemi,
et quel est l'homme en place qui en manque !
aura écrit à un membre de la députation, peut-
être même à un Pair de France du pays, que
sais-je ! qu'il y avait à Charolles un sous-préfet

jacobin ; celui-ci ou ceux-ci , ne présumant pas
la calomnie , l'ont répétée à d'autres ; ces derniers en ont fait autant, et insensiblement il
s'est trouvé que j'étais , et sans m'en douter le
moins du monde , accusé de jacobinisme par
des hommes à la fois puissans et respectables.
Il est vrai qu'on aurait pu dénouer le nœud en
prenant des informations plus précises ; mais
on a préféré le couper, et j'ai été destitué. On
me demandera encore comment il se faisait que
j'avais des ennemis dans un pays où j'ai dit ne
connaître personne. Le voici :

C'est que j'ai voulu être le sous-préfet de mon
arrondissement et non un sous-préfet de cote-
rie ; c'est que je n'ai servi que le Roi et non les
petites passions de MM. tels et tels ; c'est que
lorsqu'on se présentait à ma sous-préfecture
pour une réclamation , la première ; la seule
chose dont je m'informais , c'était de savoir si
elle était juste ou non ; et qu'alors , sans accep-
tion de la qualité des personnes , j'accordais ou
je refusais : c'est qu'on avait compté sur moi
pour satisfaire de petites haines , de petites ven-
geances , en les couvrant adroitement du pré-

texte de l'opinion , et qu'on a reconnu avec chagrin qu'on s'était trompé : c'est que quelques gens du pays qui voudraient qu'on ne fût juste que pour eux et les leurs , sont très-disposés à dire ce que Boileau a écrit de ce mauvais poëte dont il s'est tant moqué :

> Qui n'aime point Cotin n'estime pas son Roi ,
> Et n'a , selon Cotin , ni Dieu , ni foi , ni loi.

C'est qu'enfin , en suivant cette marche , je devais nécessairement n'avoir pour amis que les gens de bien qui ne sont jamais dangereux , et pour ennemis tous les intrigans qui le sont toujours beaucoup ; voilà les moyens par lesquels je suis parvenu à m'en faire dans un pays où je ne connaissais personne. Ils sont infaillibles ces moyens , et réussiront toujours à tout magistrat qui voudra les employer.

Mais laissons cette discussion ; nous aurons occasion d'y revenir lorsque je rendrai compte de la manière dont j'ai administré. L'instant critique approche ; cet instant où un funeste vertige s'était emparé de tant de têtes , où tant de fidélités ont fait naufrage , où tant de gens ,

maintenant royalistes si purs et si dévoués, se
sont si paisiblement cachés pour laisser passer
la bourasque : où, où, etc. Enfin il est question
de l'arrivée de Bonaparte au mois de mars dernier ; voyons comment je soutiendrai cette
épreuve. Certes, il faut convenir qu'elle est dé-
cisive ; car si les opinions que mes ennemis me
prêtent si charitablement se fussent alors trou-
vées un tant soit peu dans ma tête, c'était, j'espère, un beau moment pour leur donner un
plein essor : examinons donc ma conduite à
cette désastreuse époque.

Lorsque j'appris que Bonaparte s'était jeté
en France, je ne prévis que trop les maux qui
devaient être le résultat de cette incursion. Le
Roi est trop honnête homme, me disais-je,
il a les idées trop élevées, trop chevaleresques,
pour soupçonner que des guerriers qui ont tant
de fois vaincu puissent être des traîtres ; il se li-
vrera donc à leur foi et tout sera perdu. Convaincu, comme je l'étais, de la vérité de ce rai-
sonnement, je comprenais que cinquante hommes dévoués et bien déterminés feraient plus
pour le salut de la France et de la monarchie

que toutes les troupes qu'on envoyait contre le
tyran ; troupes dont le mauvais esprit n'était
presque plus un mystère , et dont , par conséquent , la trahison était pour ainsi dire infaillible. Pénétré de cette idée et me sentant
capable de suivre jusqu'au bout cette périlleuse
entreprise , je me rendis chez M. le Comte de
Viomesnil : je lui développai mon plan som-
mairement et avec énergie , en lui indiquant
rapidement les moyens qui étaient en mon
pouvoir et ceux qu'il fallait me fournir. Ce
respectable Seigneur , dont le cœur et la tête
ont toute la vigueur de la jeunesse , me com-
prit parfaitement , me reçut de même , eut la
bonté de m'assurer de sa protection , et de me
donner sur-le-champ un billet de sa main pour
M. le Baron de la Rochefoucault qui venait
d'être nommé au dépôt de la guerre , en l'engageant à m'entendre avec attention et à avoir
toute confiance en moi , lui-même ne pouvant
m'aider comme il le désirerait , parce qu'il
était obligé de se rendre à l'instant même à
Vincennes , où l'organisation des Volontaires
royaux allait absorber tout son temps.

Je me rendis donc chez M. de la Rochefou-

cault; il me reçut bien, m'écouta attentivement,
me fit plusieurs objections auxquelles je répondis , et après une conversation d'une demi-
heure , il me donna rendez-vous pour le lende-
main, sept heures du matin.

Je ne manquai pas de me présenter chez
lui à l'heure indiquée. Il me reçut encore
bien , mais pourtant avec une espèce de froi-
deur et d'embarras sensibles , me fit beaucoup de questions sur la manière dont je pourrais exécuter mon entreprise , écouta mes ré-
ponses avec distraction , et finit par me d're
que M. le Comte de Viomesnil pouvait , beaucoup plus que lui , me fournir les moyens qui
me manquaient. Il termina en m'engageant à le
revoir ; m'assurant que , de son côté , il ferait
tout ce qui dépendrait de lui , et me congédia.

Je sortis de son hôtel assez mal satisfait d'a-
voir l'air d'un solliciteur , quand je venais offrir de m'exposer à des dangers imminens pour
la cause commune. Je marchais tristement ,
déplorant en moi-même le sort de la France et
de la Famille Royale , quand , en traversant le
pont Royal , une voiture de la cour s'arrêta tout-

4

à-coup : j'entendis prononcer mon nom de
l'intérieur et l'on me fit signe d'y monter. Aussitôt que j'y fus entré je reconnus M. Charlet
qui, quelques instans auparavant, était arrivé
de Bordeaux. Ce sujet aussi fidèle que zélé, et
dont les vertus sont telles qu'il serait à souhai-
ter, pour le bien de l'humanité, que tous ceux
qui entourent les grands lui ressemblassent ; ce
véritable Français, dis-je, après les premiers
complimens, me demanda ce que je préten-
dais faire dans cette circonstance. Pour toute
réponse, je lui racontai ce qui venait de m'arriver chez M. de Viomesnil et chez M. de la
Rochefoucault. M. Charlet qui avait la bonté
de ne pas douter de mon dévoûment, m'assura qu'il allait faire en sorte qu'il ne devînt pas
inutile, et sur-le-champ il me conduisit chez
S. E. Monseigneur le Comte de Blacas.

Ce ministre qui, malgré tout ce qu'en a pu
dire l'envie, n'a certainement eu d'autres torts
que de s'être trouvé dans des circonstances
tellement écrasantes, et qu'il était si peu possible de prévoir, que Mazarin et le grand Riche-
lieu lui-même en eussent été accablés : ce

ministre, dis-je, après que M. Charlet lui
eut assuré que j'étais un homme dévoué et résolu, ne balança pas à me charger de *l'importante* mission qui avait fait l'objet de mes
ouvertures à monsieur le Comte de Viomesnil.

Bientôt tout fut réglé entre nous; S. E. poussa
même la bonté jusqu'à me témoigner qu'elle
s'intéressait à mon sort, m'assura de sa protection et de la bienveillance du Roi, bienveillance qui devait m'être acquise, même dans
le cas où je ne réussirais pas, pourvu qu'il n'y
eût rien de ma faute, et me promit des dis-
tinctions toujours flatteuses quand elles sont mé-
ritées; mais qui, sans l'amour que je ressentais
pour mon pays et pour mon Roi, n'eussent
point été capables de me déterminer à cette
périlleuse entreprise.

Ayant tous les pouvoirs qui m'étaient nécessaires, et depuis quelque temps m'étant,
à tout hasard, préparé pour cette expédition,
deux jours me suffirent pour en rassembler les
matériaux, et le matin du troisième, je me
mis en route. D'après les renseignemens positifs que m'avait donnés Son Excellence, je ne

4.

devais rencontrer Buonaparte qu'à Lyon ou
tout au plus à Châlons-sur-Saône ; on verra en
cela qu'elle était étrangement trompée. Mais
qui, bon Dieu ! eût jamais pu avoir assez
mauvaise opinion de la partie armée de la
nation , pour croire qu'elle laisserait venir l'u-
surpateur en poste à Paris, et sans tirer un
coup de fusil ! Une remarque qu'il est bon de
faire, c'est que, sachant que dans cette ville
la police se faisait déjà plus pour Napoléon que
pour le Roi, je n'avais pas voulu y prendre
de passe-port, me réservant de m'en faire délivrer un à la première préfecture que je rencontrerais ; et ce fut avec cette intention que
j'arrivai à Melun. Mais là, malgré tout ce que
je pus dire, jamais M. de Plancy, qui était
alors préfet de Seine-et-Marne, ne voulut reconnaître l'écriture et le seing de Monseigneur
le Comte de Blacas. Il me fit donc arrêter par la
gendarmerie royale, et envoya un courrier à Son
Excellence. Cette malheureuse arrestation me
fit perdre trente-six heures, perte irréparable,
et qui, comme on le verra, a failli causer ma
ruine sans aucun bien pour le service du Roi.

Enfin ce mauditcourrier revint avec l'ordre
exprès de me donner tous les passe-ports que je
demanderais, et alors on mit autant d'empressement à hâter mon départ qu'on avait mis d'a-
bord de répugnance à me laisser continuer mon
chemin. C'était encore là une autre faute qui
devait nécessairement ouvrir les yeux des amis
de Bonaparte, et il n'en manquait pas à Melun.
A cette époque, plus de six mille officiers à la
demi-solde s'y trouvaient. Ces considérations ne
m'échappèrent pas : mais rien ne pouvant me
détourner de mon dessein, je ne m'en mis pas
moins en route, et à Montereau j'eus la douleur
de voir le 7e. régiment de lanciers en pleine
révolte : ils avaient même arrêté et fait prison-
niers des officiers royaux. Dès lors je compris
bien que je rencontrerais Bonaparte beaucoup
plus tôt que le Ministre ne me l'avait dit, et
comme il m'était de la dernière importance
de savoir à quoi m'en tenir à cet égard, je me
décidai à me présenter chez le Colonel des lanciers. Je lui trouvai l'air triste et soucieux,
et lui ayant fait entendre que j'avais des
choses de la plus grande importance à révé-

ler à l'Empereur, je lui demandai s'il ne pouvait
pas m'indiquer le lieu où je pourrais le joindre.
Il me répondit qu'il ne lui était pas possible de
m'assigner positivement l'endroit, mais qu'il
croyait pouvoir m'assurer que je n'irais pas
plus loin qu'Auxerre sans le rencontrer, et
après plusieurs questions qu'il me fit sur Paris,
nous nous séparâmes.

Remonté en voiture, je me mis à rêver pro-
fondément sur ma position ; elle était tout à la
fois embarrassante et critique ; car, en rencon-
trant Napoléon sur ma route et si près de la
capitale, il ne me paraissait guères possible de
pouvoir réunir tous mes moyens dans le peu
de temps qu'il resterait probablement dans
chaque endroit où il s'arrêterait ; et je n'ignorais pas qu'outre le danger de le suivre ainsi,
il ne fallait plus compter sur rien une fois entré
dans Paris. Fatigué de mes réflexions, et n'ayant
pas pour le moment de données assez positives
pour me déterminer définitivement, je pris le
parti de m'en remettre à la Providence sur la
décision de mon sort, et aux circonstances de
ma rencontre avec l'usurpateur pour prendre

une dernière et irrévocable résolution ; puis je m'endormis.

Arrivé à Joigny à sept heures du matin, je remarquai beaucoup de mouvement sur le quai, et le résultat de mes informations fut que dans deux heures au plus tard Bonaparte y arriverait : ma surprise fut extrême, mais ce n'était pas le moment de chercher les causes d'une marche si rapide, il fallait se déterminer à ne pas perdre de temps ; il ne devait rester qu'une heure au plus dans cette ville, et le soir même aller coucher à Fontainebleau : tout était donc absolument perdu si je le laissais passer outre.

D'un autre côté, mon embarras était au comble, n'ayant qu'une faible partie de mes moyens sous ma main, ignorant, comme je l'étais, et de la force de son escorte, et des difficultés qui se rencontreraient pour l'approcher ; enfin, après une demi-heure de réflexions, je me déterminai à tout hasarder, bien sûr que ma perte était infaillible, mais tout aussi certain qu'il ne m'échapperait pas.

Cette résolution une fois prise avec moi-même , et devenue par-là irrévocable ; j'entrai dans une auberge où je savais que déjeûnait le général Cambronne avec beaucoup d'autres Officiers ; je le tirai à part et lui dis qu'ayant des choses de la plus haute importance à dire à l'Empereur de la part du Duc de Rovigo , je le priais de m'indiquer comment il fallait m'y prendre pour lui parler. Cambronne me répondit que s'il n'était pas forcé de partir dans un quart d'heure , il m'y présenterait lui-même , mais que je n'avais qu'à m'adresser de sa part au chef d'escorte , que celui-ci me présenterait au Comte Bertrand , et que ce dernier me ferait probablement parler à l'Empereur.

Avec ces faibles renseignemens je traversai le pont , et me transportai dans une espèce d'auberge où Napoléon devait débarquer. Là , je pris autant que je pus , sans me rendre suspect , connaissance des localités ; enfin , une demi-heure après , on annonça son arrivée. Je fis ce que Cambonne m'avait conseillé , et le chef d'escorte m'ayant conduit au Comte Bertrand , celui-ci me fit monter dans un ap-

partement contigu à celui où se tenait l'usurpateur ; et là, il me demanda ce que j'avais
à lui dire. — Des choses très-importantes, lui
répondis-je, mais que je ne dois révéler qu'à
lui. — De quelle part venez-vous ? — Je répondis hardiment : de la part du Duc de Rovigo.
— Attendez un instant, je vais en instruire
l'Empereur ; et il me quitta.

Resté seul dans un appartement voisin de
celui du tyran, je mis le temps à profit. Bientôt
Bertrand revint, et ayant laissé la porte entr'ouverte, je pus voir ce qui se passait dans
la chambre de Bonaparte. Le grand-maréchal
insista pour que je lui disse ce dont le Duc de
Rovigo m'avait chargé, et à mon refus, il
rentra près de l'usurpateur. Ma situation était
éminemment critique. Je pouvais encore re-
culer ; mais résolu à tout entreprendre, je ras-
semblai les forces de mon âme, et quelques
minutes de plus, la France était délivrée des
maux qui l'ont accablée !.... Dieu sans doute
en avait autrement ordonné, car des gendarmes
et des lanciers du 7e. entrèrent au même instant dans la chambre où je me trouvais, me

mirent au milieu d'eux, en m'ordonnant, sous peine de la vie, de les suivre sans bruit et sans avoir l'air d'être arrêté. Ils me conduisirent ainsi à la prison de Joigny, et là me dépouillèrent avec brutalité, me lièrent avec des cordes, me jetèrent dans une voiture couverte, y montèrent avec moi, en m'annonçant qu'ils avaient l'ordre de me tuer à la moindre tentative que je ferais pour m'échapper ; et nous prîmes la route de Paris.

Il serait difficile d'imaginer que ma position pût encore devenir plus dangereuse, et c'est cependant ce qui arriva à une petite ville dont j'ai oublié le nom, et qui est située à quelques lieues de Joigny ; car mes gardes ayant pris dans cet endroit la fantaisie de me faire voyager par eau, ils m'embarquèrent sur un bateau rempli d'officiers composant le bataillon prétendu sacré. Je ne répéterai pas ici les injures grossières dont ils m'accablèrent ; il suffira de dire que, sans l'humanité d'un nommé Germain, ancien officier de cavalerie dans la Garde, j'aurais infailliblement été massacré.

Enfin , à ma grande satisfaction , nous arri-
vâmes à Paris ; je n'avais de mes jours fait un
pareil voyage ; j'étais roué et mort de faim ; on
me conduisit d'abord aux Tuileries , chez le
Comte Bertrand ; celui-ci me renvoya avec
une lettre au Duc d'Otrante , qui sans
doute , voulant me sauver, garda tous les
papiers qui m'avaient été trouvés et qui me
compromettaient, et sans me faire subir d'interrogatoire , se contenta de me faire conduire à
la préfecture de police , avec injonction à
Réal de me tenir au secret jusqu'à nouvel
ordre.

Les premières heures que je passai dans la
prison me parurent extrêmement agréables ;
je jouissais avec délices, après tant et de si
terribles agitations , d'un repos qui me sem-
blait le bien suprême ; mais cet état de mon
ame fut bientôt empoisonné par les plus tristes réflexions; car, pour n'être pas immédiatement menacé de perdre la vie , elle n'en
était pas plus en sûreté pour cela. Et en effet ,
il me paraissait impossible que la police n'eût
pas entre les mains un livre intitulé : *Histoire*

des Sociétés secrètes de l'armée et des Cons-
pirations militaires, etc. Or, on y aurait lu,
pag. 168 :

« Le second avis qui fut ouvert était plus
» simple encore, et d'une exécution plus fa-
» cile. L'itinéraire de Bonaparte le faisait tra-
» verser les montagnes et les forêts du Jura,
» et on savait qu'il n'était accompagné dans ce
» voyage que de cinquante cavaliers, divisés
» en deux pelotons égaux, dont l'un précé-
» dait, et dont l'autre suivait sa voiture. Cent
» hommes bien armés suffisaient pour faire
» face à tous deux, et même pour les culbuter,
» pendant qu'un groupe intermédiaire cernait
» l'équipage, enlevait le tyran, et le trans-
» portait en quelques minutes dans des lieux
» inaccessibles à toute entreprise humaine.
» Cette expédition parut si assurée dans les
» moyens, elle mettait d'ailleurs un terme si
» court à l'insurrection, ou plutôt elle sau-
» vait si évidemment à la France les malheurs
» inséparables d'une guerre civile, qu'elle ne
» donna pas lieu à la plus légère contestation.
» Le temps pressait, mais tout se trouvait

» disposé pour une grande tentative, de quelque
» nature qu'elle fût ; et celle-là n'était qu'un
» jeu auprès de celles qu'on avait préparées.
» Un jeune homme , plein de zèle et de cou-
» rage, qui avait déjà fait la guerre de parti avec
» succès, M. Buguet, actuellement Officier
» d'état-major , fut chargé de l'opération dont
» le conseil d'alliance , présidé par M. le Mar-
» quis de Jouffroy , régla l'ordre et la conduite
» pour tout ce qui pouvait être prévu. Trois
» jours après , M. Buguet commandait cent
» quatre-vingts hommes d'élite, armés de fu-
» sils simples ou doubles et disséminés sur
» un espace très-étendu , en pelotons peu
» nombreux , à la hauteur des villages de Tas-
» senière et de Colonne. Cette petite armée ,
» couverte du prétexte d'un trac , et qui ne
» pouvait présenter , en dernière analyse , aux
» soupçons de la police qu'un rassemblement
» de braconniers, était distribuée de la ma-
» nière la plus convenable pour se concentrer
» au premier appel sur le point où l'on vou-
» drait la porter. Des cavaliers affidés qui cou-
» raient en ordonnances depuis ses derniers

» postes sur la route de Bonaparte , devaient
» annoncer son passage quelques heures à l'a-
» vance , et il n'en fallait pas tant pour achever
» les dispositions nécessaires. Le reste se bor-
» nait à une évolution dont l'idée se serait of-
» ferte à l'esprit le plus simple , et qui inter-
» ceptait le mouvement de l'escorte sur la
» voiture , évolution dont la facilité passe toute
» expression , dans une route assez étroite et
» tracée au milieu d'un fourré impénétrable à
» la cavalerie. Vingt tirailleurs d'une adresse
» infaillible , scrupuleusement choisis sur plus
» de mille , et embusqués de distance en dis-
» tance , étaient réservés pour le cas d'une
» résistance qu'on supposait à peine , et qui
» était cependant , de toutes les chances pos-
» sibles , celle qu'on redoutait le plus, parce
» qu'elle aurait coûté , au grand regret des
» conjurés , quelques gouttes de sang français.
» Des mesures si bien prises ne pouvaient pas
» manquer leur effet, et il ne restait pas le
» moindre doute sur la réussite ; quant à la
» suite de plusieurs messages successifs qui an-
» nonçaient l'approche de Bonaparte , on ap-

» prit qu'il était retourné sur ses pas au der-
» nier relai, pour prendre une route plus
» longue et plus difficile qu'il avait quittée la
» veille. On ajoutait que le désordre et l'in-
» quiétude qui se manifestaient dans sa phy-
» sionomie marquaient assez la véritable cause
» de cette démarche rétrograde, et tout prou-
» vait que le secret de la conspiration lui avait
» été lâchement vendu. »

Il me paraissait également sûr que la police
avait connaissance d'une ode adressée, en 1814,
à S. A. R. MADAME, Duchesse d'Angoulême,
qui d'ailleurs avait été imprimée et vendue publiquement, et dont les premières strophes
sont ainsi conçues :

Lorsque du peuple hébreu quelques tribus perfides,
Bravant de l'Eternel et le nom et la loi,
Osèrent, de Baal adorateurs stupides,
Manquer au Dieu vivant et d'amour et de foi ;
Ou vit les vrais prophètes,
Solemnisant ses fêtes
Célébrer sa grandeur dans leurs chants immortels ;
Et leur voix sainte et pure,
Dévoiler l'imposture
Qui d'une affreuse fable élevait les autels.

Ainsi, quand mon pays au Corse était en proie,
Lorsque de vils flatteurs lui prodiguaient l'encens,
Quand ils m'épouvantaient d'une insultante joie,
Je ne mêlai jamais mes chants à leurs accens.
       Méprisant leur délire,
      Les cordes de ma lyre
Résonnèrent alors de ses nombreux forfaits ;
       Je peignis ma patrie,
      Ecrasée et flétrie
Par ce tigre altéré du plus beau sang français.

Si ces deux faits seuls eussent existé contre
moi, peut-être aurais-je pu conserver quelqu'espoir de me sauver ; mais leur réunion à
ma tentative de Joigny me perdait indubitablement ; et le moindre interrogatoire, la
plus petite instruction sur mon affaire, ren-
daient cette réunion infaillible. Dès-lors, je
compris que je ne pouvais sortir de prison
que pour aller à l'échafaud, et je me résignai.

Les jours cependant s'écoulaient avec une
lenteur insupportable. L'assurance positive de
ma condamnation m'eût, je crois, paru moins
cruelle que l'incertitude dans laquelle ma vie
se traînait. Enfin, à l'instant où je m'y attendais le moins, on me fit subir un interroga-

toire de simple forme, dans lequel, notamment, on me fit la singulière question d'avoir à dire pourquoi j'étais arrêté. Je répondis ce que je voulus, et l'on termina en me déclarant que mes pièces s'étaient égarées au ministère; qu'on ne me conseillait pas de les réclamer; que j'allais être mis en liberté, mais sous la surveillance spéciale de la police, et l'on m'enjoignit de ne sortir de Paris sous aucun prétexte : après cela, on me laissa libre.

Je pus enfin respirer plus à mon aise : mais néanmoins, comme je me trouvais encore sous la surveillance spéciale d'une police que neuf ans de persécutions de sa part m'avaient appris à bien connaître, il s'en fallait de beaucoup que je me crusse absolument hors de tous dangers; je sentais qu'il fallait mettre la plus grande mesure dans ma conduite, et la plus entière réserve dans mes propos, ma situation étant tellement critique que je ne pouvais ni m'éloigner de Paris, ni y demeurer avec sûreté.

C'est au milieu de ces inquiétudes que mes jours se passaient, quand tout-à-coup on ap-

5

prit les événemens de Waterloo : bientôt
les débris de l'armée française furent sous les
murs de Paris : alors, l'esprit de parti fut
porté à un degré d'exaspération tel que, des
groupes de soldats ivres et forcenés poussaient
des cris de rage et de révolte sans que qui que
ce fût osât les réprimer : le bruit se répandait
même qu'on allait égorger, à domicile, tous
les Royalistes ; et qu'une liste en était donnée
par la police de l'usurpateur. Que ce bruit ait
été ou non fondé, toujours est-il que j'en
voyais assez pour me faire craindre le reste :
je crus donc devoir prendre quelques précautions pour me mettre à couvert des recherches
qu'on pourrait diriger contre moi ; pour ce,
je pris l'uniforme d'officier de la jeune garde, le
grand nombre de ceux de cette arme rendant le
déguisement sans danger, et me donnant d'ailleurs les moyens de sortir de Paris. Eh bien! croi-
rait-on que la calomnie a trouvé moyen de me
faire un crime de cette précaution que ma sûreté personnelle exigeait ! Elle a dit que j'avais
pris parti dans la jeune garde, et que je n'étais
sorti que pour me battre contre les troupes du

Roi. A cette absurde imputation je réponds : qu'à cette époque je n'étais ni un enragé ni un fou furieux, et qu'il aurait nécessairement fallu que je fusse alors l'un et l'autre pour m'être décidé à cette stupide conduite à l'instant de la rentrée du Roi, et après les dangers et les affreux traitemens auxquels je m'étais, quelques jours auparavant, exposé à Joigny pour son service. Dieu merci; j'avais dans ce temps-là tout mon bon sens comme je l'ai encore dans ce moment-ci : je crois même en avoir davantage que la plupart de ceux qui ne craignent pas de me calomnier sans me connaître, sur des intentions qu'ils ont la charité de me prêter, et qu'ils savent présenter d'une façon aussi mensongère qu'astucieuse.

Eh ! quoi, bon Dieu, serait-il donc vrai que les hommes naquissent, comme le dit Hobbes, avec la propension de nuire à leurs semblables, plutôt qu'avec celle de leur être utiles? Car enfin, comment expliquer d'une autre manière l'acharnement et la violence avec lesquels m'ont desservi des individus que non-seu-

5.

lement je n'avais pas offensés, mais qui même ne m'ont jamais vu ni parlé ? Pourtant ils ont attaqué mes opinions politiques ; ils ont faussement interprété mes opinions religieuses. Tels que ces ignobles génies des conteurs arabes, qui, suivant eux, fouillent dans les tombeaux pour en dévorer les cadavres, ces détracteurs ont fouillé dans ma vie pour la dépecer et en livrer les lambeaux à la calomnie ; c'est ainsi, par exemple, qu'ils ont cherché à me faire passer pour une tête dangereuse, en déterrant et fabriquant je ne sais quelle histoire ridicule de ma plus tendre jeunesse. Ils ont fait plus encore ; car, pour m'arracher l'appui d'une illustre protection, ils ont dit avoir pénétré dans l'intérieur de ma famille ; et sur des données aussi fausses que mal établies, ils n'ont point balancé à me peindre comme un mauvais fils, un mauvais père, et sur-tout un mauvais époux. Qu'on ne s'imagine pas que cette dernière calomnie, dont le but principal était de m'enlever l'estime de mes chefs et des honnêtes gens, ait peu contribué à ma disgrâce ; je le répète, elle a encore eu pour résultat de m'aliéner momentanément (tout au moins je l'espère de la justice de ma cause) un puissant protecteur : dès-lors elle a dû servir efficacement les projets de mes ennemis. Il est donc de mon intérêt, peut-être même de mon devoir, mais sans contredit de mon honneur, de la détruire.

Lorsque j'appris ma destitution de la sous-préfecture de Charolles, je m'empressai d'en informer mon épouse, en lui disant que mon intention était de partir pour Paris, et en l'invitant instamment de m'y accompagner. Voici sa réponse :

« Craignant que ma lettre ne te parvienne
» pas assez tôt par la poste, je prends le parti
» de l'envoyer un exprès pour t'inviter à partir
» de suite pour Paris : il faut combattre vio-
» lemment le désir que j'ai de t'accompagner ;
» mais la raison doit l'emporter. Nos affaires
» exigeant impérieusement la présence de l'un
» de nous deux ici, il faut bien que j'y reste,
» au moins.

» J'espère que ton voyage ne sera pas de
» longue durée : n'ayant rien fait qui puisse
» étayer les propos qu'on a lancés contre toi,
» on ne tardera pas sans doute à te rendre
» justice. Dans le cas contraire, rappelle-toi
» que nous avons une retraite agréable à
» Bruailles ; *que tu es adoré dans ta famille ;*
» *que nous oublierons tout l'univers pour te*
» *prouver notre tendresse et te faire oublier*
» *les disgrâces de la fortune et toutes les*
» *cabales des hommes.* Va, je te le répète,
» tu n'es pas de ce siècle, et ton âme franche
» ne connaît point jusqu'où peut aller l'in-
» trigue pour perdre un homme. O vicissi-
» tudes humaines ! Dis, mon ami, sur quoi
» peux-tu désormais compter ? Sur quoi ?
» *sur le cœur de ta Julie, qui ne cessera de*
» *te chérir jusqu'au dernier soupir.* Tous tes
» revers augmentent, s'il est possible, mon
» attachement ; mais nous serons encore heu-
» reux : tu aimes la campagne, tu as les goûts
» simples et purs, viens l'habiter, etc., etc. »

Je n'ajouterai pas un mot à cette lettre,

dont au reste la date est du 25 décembre
1815.

Telle est, sans le moindre déguisement, la
conduite politique et privée que je n'ai cessé
de tenir jusqu'à présent. J'en ai dit assez sans
doute pour les personnes qui sont trompées
de bonne foi sur mon compte ; je sais bien
que je n'en dirai jamais suffisamment pour
convaincre les autres. Je pourrais donc borner
là ce Mémoire, si la calomnie savait borner
ses attaques ; mais ce monstre qui combat dans
l'ombre et avec cent bras qui toujours frap-
pent à la fois et sans relâche, ne laisse à ses
malheureuses victimes que la ressource de
démêler lentement ses coups et de les parer
successivement ; présentons-lui donc le bou-
clier de la vérité. Heureux si, même en
s'y brisant, ses traits empoisonnés ne me font
pas de ces blessures que les pleurs assidus de
la confiante innocence ont tant de peine à
cicatriser !

Passons maintenant à l'examen de ma conduite comme magistrat.

Par ordonnance du 7 août 1815, j'ai été nommé à la sous-préfecture de Charolles : je ne m'y suis rendu que le 25 du même mois, et en y arrivant, je l'ai trouvée couverte, dans tous ses points, de troupes étrangères, sans autre ressource pour les faire subsister que la voie des réquisitions. Ce moyen violent, aussi irrégulier que vexatoire, ne pouvait le devenir moins pour les administrés que par la surveillance des autorités locales : d'après cela, qu'on juge donc du profond désordre qui devait régner dans ce malheureux arrondissement, par la lettre que je me vis forcé d'écrire à mon Préfet le 31 août 1815, et dont voici la copie :

« Je n'ai encore pu recevoir, malgré toutes
» les diligences que j'ai faites, aucun des ré-
» cépissés demandés par votre circulaire du
» 26 du courant. Les causes de ce retard sont :
» 1°. le désordre inséparable du mode employé
» par les Autrichiens dans leurs réquisitions,
» qui tantôt veulent ou ne veulent pas en
» donner de récépissés ; 2°. dans une désor-

» ganisation complète des autorités locales
» qui , venant d'être changées subitement , *et*
» *un jour seulement avant mon entrée en*
» *fonctions* , ont d'autant moins pu reprendre
» le train des affaires qu'on n'a pris aucune
» espèce de précaution pour s'assurer de l'ac-
» ceptation des maires qu'on remettait en
» fonctions ; en sorte , M. le Préfet, que les
» démissions me pleuvent de tous côtés , sans
» que, dans l'ignorance où je suis sur le compte
» des individus de mon arrondissement , je
» puisse assez rapidement pourvoir à cet abus
» pour que les communes n'en souffrent pas
» beaucoup.

» Je vous envoie des démissions qui me sont
» déjà parvenues et qui font la moindre partie
» de celles qui doivent encore m'être envoyées
» par les maires qui sont venus eux-mêmes me
» trouver.

» Je pense donc , M. le Préfet , qu'il est
» urgent que vous ayez la bonté de m'autoriser
» à remplacer sur-le-champ, provisoirement ,
» les démissionnaires présens et à venir. »

Mon embarras était au comble dans un arrondissement dont alors le personnel m'était
absolument inconnu ; il est vrai que M. le
Préfet me répondit sous la date du 3 septembre
suivant :

« J'ai reçu, Monsieur, avec votre lettre du
» 31 août, diverses démissions de Maires de
» votre arrondissement, rappelés à leurs fonc-
» tions par mon arrêté du 22 du mois.

» Je conçois l'embarras dans lequel peut
» vous jeter cette multiplicité de démis-
» sions et la désorganisation qui en résulte né-
» cessairement dans l'administration commu-
» nale; mais il peut y être remédié par des
» remplacemens provisoires , jusqu'à ce que
» vous soyez en mesure de me proposer des
» choix définitifs ; et afin de vous donner à
» cet égard toutes les facilités que les circons-
» tances exigent, je vous autorise à rempla-
» cer provisoirement les maires et adjoints
» dont vous recevrez la démission.

Cette autorisation , quelqu'étendue qu'elle

paraisse, n'était pourtant pas même suffisante
pour parer au mal, vu la multiplicité des démissions qui m'arrivaient; en sorte que le 6
septembre 1815, je me vis obligé de prendre
l'arrêté suivant:

« Vu la lettre de M. le Préfet, du 3 septembre
» 1815, qui l'autorise à pourvoir provisoire-
» ment aux mairies vacantes par démissions ou
» autrement ;

» Considérant que dans les circonstances
» graves où l'arrondissement se trouve,
» MM. les Maires rappelés par l'ordonnance
» du 7 juillet 1815 devraient se hâter de
» reprendre leurs fonctions, pour ne pas
» laisser l'administration de leurs communes
» sans chef;

» Que cependant plusieurs d'entre eux, non-
» seulement ne mettent aucun empressement
» à justifier la confiance dont Sa Majesté les a
» honorés, mais que même ils se refusent, par
» le fait, de reprendre leurs fonctions, sans
» néanmoins se rendre démissionnaires;

» Que cet état de choses compromet évi-
» demment l'intérêt des communes qu'ils son
» appelés à régir ;

» Le Sous-Préfet de l'arrondissement arrête :

» 1°. Que toutes les communes où les
» maires, rappelés par l'ordonnance du Roi,
» du 7 juillet 1815, n'auraient point, à la
» date du présent arrêté, repris leurs fonctions,
» continueront provisoirement à être admi-
» nistrées par les Maires actuellement en
» exercice ;

» 2°. MM. les Maires des cantons sont char-
» gés de l'exécution du présent arrêté pour les
» Maires des communes de leur canton qui se
» trouveraient dans ce cas. »

Le 12, je reçus de M. le Préfet une lettre
sous la date du 11, ainsi conçue :

« J'ai reçu, Monsieur, avec votre lettre du
» 7 de ce mois, l'arrêté que vous avez pris le
» 6, relativement à l'organisation des mairies
» de votre arrondissement.

» Les motifs qui vous ont dicté cette mesure
» provisoire, et que déjà vous m'aviez sou-

» mis , étaient de nature à être pris en consi-
» dération. En conséquence , j'approuve l'ar-
» rêté , et je vous invite à le mettre en exécution.

Voilà comment je réponds à l'inculpation
qu'on n'a pas craint de me faire , d'avoir , en
dépit de l'ordonnance du 7 juillet , laissé ou
remis les maires de Bonaparte en fonctions.
Mais la calomnie est-elle donc absolument
aveugle? Quoi ! l'ordonnance du Roi est du
7 juillet ; je n'ai pris les fonctions de sous-
préfet que le 25 août : Qui donc, pendant le
mois d'intervalle , exerçait cette magistrature?
Qui? le même homme auquel on vient de
donner ma place ; cet homme qui aurait dû
profiter du moment de calme dont jouissait
son arrondissement pour hâter l'exécution de
cette ordonnance , et qui , par une négligence
coupable et peut-être par un odieux calcul
pour me nuire , a attendu qu'il fût couvert de
troupes étrangères , et la veille même de mon
entrée en fonctions , pour la faire exécuter.
Cette mesure , alors intempestive , a failli causer la ruine de plusieurs communes de l'arrondissement ; et , au lieu d'en jeter le blâme

sur son auteur, c'est moi qu'on en voudrait
rendre responsable. Cela me paraît une double
injustice. Ce n'est pas tout encore ; une chose
dont on n'a point parlé, quoiqu'on ne l'ignorât
pas, c'est qu'aussitôt que le calme a été un
peu rétabli je me suis transporté dans chacun
des cantons de mon arrondissement; que là,
après m'être entouré des personnes les mieux
pensantes, j'ai pris tous les renseignemens nécessaires sur les maires et adjoints, et qu'ensuite de ce, j'en ai formé un tableau général qui est certainement entre les mains de
M. le Préfet et qui doit être également entre
celles du Ministre. Que pouvait-on donc exi-
ger de plus? N'ai-je pas rempli les devoirs d'un
magistrat fidèle et zélé? Pourquoi donc alors,
en m'ôtant mon emploi, laisser sur ma conduite un louche qu'elle ne mérite sous aucun
point de vue? Mais passons à une autre inculpation.

Le 10 octobre 1815, j'appris par plusieurs
rapports qu'un nommé Portras s'était permis,
dans la matinée du 1er. dudit, de se promener
publiquement, à l'issue de la messe, avec un

schakos revêtu d'une cocarde tricolore : je don-
nai sur-le-champ l'ordre à la gendarmerie de
l'arrêter, et j'envoyai l'affaire au Procureur du
Roi. Voici à cette occasion ce que M. le Préfet
m'écrivit :

« Monsieur, j'ai examiné les quatre rapports
» joints à votre lettre du 12 octobre courant,
» et qui concernent la mauvaise conduite que
» le nommé Portras est prévenu d'avoir tenue
» à Toulon-sur-Arroux, dans la matinée du
» 1er. dudit mois. J'approuve que vous ayez
» informé M. le Procureur du Roi de cette af-
» faire, et que vous l'ayez engagé à faire des
» poursuites ; mais les faits dont Portras est
» accusé n'étaient peut-être pas assez bien éta-
» blis par les rapports du juge-de-paix du can-
» ton, des maire et adjoint de Toulon, et du
» brigadier de gendarmerie dans cette rési-
» dence, pour motiver de votre part son ar-
» restation. Il eût peut-être été plus prudent de
» laisser au Procureur du Roi à lancer le man-
» dat d'amener, puis le mandat d'arrêt, que
» de prendre l'arrestation sous votre respon-
» sabilité. Si le tribunal décide, comme il y

» a lieu de le craindre, qu'il n'y a point de
» preuves suffisantes du délit dont Portras est
» prévenu, ce jugement qui mettrait sur-le-
» champ ce dernier en liberté, pourra donner
» lieu à des observations tendantes à affaiblir
» votre autorité dans le pays. »

Quelque temps après, il me revint, vague-
ment à la vérité, que le sieur Lametherie, ex-
procureur-impérial du tribunal de Charolles, se
permettait les propos les plus insidieux contre
le gouvernement, et les injures les plus grossières sur la Famille Royale. A l'instant je m'empressai d'écrire à M. le Maire de Laclayette,
lieu de résidence du sieur de Lametherie, en
l'invitant à prendre, sur ces faits, des renseignemens positifs. Bientôt il m'envoya un rapport contre ce particulier : à la lecture de ce
rapport, je vis bien que les faits qui s'y trouvaient relatés seraient d'une preuve tellement
difficile qu'il serait impossible aux tribunaux de
prononcer une condamnation quelconque ; et
l'événement a justifié mon jugement à cet égard.
Alors, me rappelant les conseils que M. le
Préfet me donnait dans sa lettre du 16 oc-

tobre que j'ai citée plus haut, je me contentai
d'adresser ce rapport au substitut du Procureur
du Roi, le Procureur lui-même se trouvant
absent, avec une lettre dont voici la copie :

« J'ai l'honneur de vous transmettre ci-
» joint, un rapport qui m'a été envoyé par
» M. le Maire de Laclayette. Les faits qui y
» sont énoncés étant de nature à éveiller toute
» l'attention de l'autorité, je ne puis trop vous
» engager à y donner tous vos soins. Je rends
» compte, par ce courrier, à M. le Préfet,
» de l'envoi que je vous fais, et le préviens en
» même temps que je l'instruirai des suites de
» cette affaire. »

Le 23 octobre, j'informai M. le Préfet
de la mesure que j'avais prise, et voici sa
réponse :

« Monsieur, j'approuve l'emploi que vous
» avez fait de l'original de la pièce jointe à
» votre lettre du 23 de ce mois, concernant le
» sieur de Lametherie. Je vous invite à faire
» accélérer, autant qu'il dépendra de vous,
» l'instruction et le jugement de l'affaire, et à
» m'informer de ses résultats aussitôt qu'ils

6

» vous seront connus. S'ils ne doivent point
» avoir pour effet l'éloignement du sieur de
» Lametherie , de la commune de Laclayette,
» je provoquerai sur-le-champ , par une me-
» sure de haute police , une décision ministé-
» rielle tendante à l'effectuer. »

Le substitut du Procureur du Roi se trouvant
dès-lors légalement saisi de l'affaire , il est de
toute évidence que je ne pouvais ni ne devais
plus m'en mêler activement : c'était à lui , à
lui seul , à prendre telles mesures que les devoirs de son ministère lui prescrivaient ; lui
seul par conséquent devait aussi en être responsable. Qu'on juge donc de ma surprise, et , par
suite , de mon découragement, quand je reçus ,
quelque temps après, M. le Préfet étant absent ,
une lettre ainsi conçue , du sieur Aubel , conseiller de préfecture délégué :

« Monsieur, je ne puis que vous témoigner
» mon vif mécontentement pour la manière
» dont on a entrepris et suivi l'affaire concer-
» nant le sieur de Lametherie de Laclayette.
» Il est vraiment inconcevable qu'une arresta-
» tion ordonnée pour cause de distribution ,

» si ce n'est même d'émission de faux écrits
» de proclamations séditieuses, n'ait point été
» suivie immédiatement de la saisie des pa-
» piers du prévenu, la chose assurément la
» plus nécessaire, la seule importante peut-
» être de toute l'affaire. On ne pouvait agir
» avec plus de légèreté, et l'intervalle mis
» entre la notification du mandat d'arrêt et
» l'arrestation, de même que la mise en li-
» berté de la fille domestique, sans qu'au
» préalable on ait cherché à rassembler toutes
» les preuves qui pouvaient accuser ou ab-
» soudre les prévenus, sont des fautes qui ne
» sauraient avoir d'excuses.

» J'informe de ces circonstances LL. EE.
» les Ministres de l'Intérieur et de la Police gé-
» nérale. En donnant avis de l'arrestation du
» sieur de Lametherie et d'Henriette Cham-
» bon, sa domestique, je leur avais mandé
» que j'attendais de l'examen des papiers des
» documens extrêmement précieux sur l'ori-
» gine des écrits séditieux répandus, depuis
» quelque temps, dans les campagnes du dé-
» partement et de ceux voisins du Charollois.

6.

» LL. EE. ne peuvent voir qu'avec le plus
» grand mécontentement que cette juste at-
» tente ait été trompée par l'effet des mau-
» vaises mesures locales.

» Mais leur étonnement pourra égaler leur
» mécontentement, lorsqu'elles apprendront
» que l'observation d'un Maire qui craint de
» se compromettre en exécutant lui-même
» l'ordre donné par moi, pour l'apposition
» des scellés sur les papiers, vous arrête et
» vous fait recourir à de nouvelles instructions,
» dix jours après l'envoi de cet ordre. Assuré-
» ment la perte déjà faite d'un temps précieux
» pour cette apposition de scellés ne permet-
» tait plus, au 4 novembre (date de la lettre
» du Maire de Laclayette) d'en attendre d'aussi
» bons résultats que ceux qu'elle eût pu avoir
» dans l'origine. Mais il ne fallait pas hésiter
» un seul instant à faire exécuter l'ordre par
» une autre personne que le Maire, au refus
» de ce dernier; je ne puis plus compter
» maintenant sur aucun avantage de la mesure.
» Cependant il est indispensable qu'elle ait
» lieu, au moins pour la forme, et vous vou-

» drez bien ne pas perdre un moment à cet
» effet ; vous m'informerez sur-le-champ des
» résultats. Je vous envoie cette lettre par or-
» donnance. »

Ou le sieur Aubel avait des raisons person-
nelles pour m'écrire d'une manière aussi in-
convenante, ou il ne savait pas ce qu'il écrivait : peut-être les deux motifs ensemble
ont–ils concouru à la production de cette épître;
car enfin, monsieur le Conseiller, que vous
me témoigniez votre vif mécontentement pour
la manière dont a été entreprise l'affaire en
question, cela prouve seulement que vous ne
vous étiez pas donné la peine de jeter un coup-
d'œil sur le carton de monsieur le Préfet, où
vous eussiez trouvé sa lettre du 28 octobre,
qui vous aurait appris que cette affaire avait été
convenablement entreprise et surtout à sa satisfaction; vous vous écriez ensuite : « Qu'il
» est vraiment inconcevable qu'une arrestation
» ordonnée, etc. etc. » Il est bien plus inconcevable que vous poussiez à ce point l'ignorance
sur les attributions respectives des magistrats;
cette arrestation, d'après l'envoi qui avait été

fait du rapport au substitut du Procureur du
Roi, a été ordonnée par lui ; lui seul en a réglé
le jour, l'heure et le mode ; et ce qui vous
surprendra, c'est qu'il a fait tout cela sans m'en
prévenir le moins du monde, et qu'il n'a rien
fait qu'il ne pût et dût faire ; si ensuite il a pris
de mauvaises mesures, que voulez-vous que
j'y fasse ? Ce n'était pas ma faute, à moi *qui
lui écrivais : je ne puis trop vous engager à y
donner tous vos soins.* Ce n'était pas non plus
à moi de l'en réprimander, car il faut encore
que je vous apprenne qu'un Procureur du Roi
ou son substitut, dans l'exercice de leurs fonctions, ne dépendent en rien d'un Sous-Préfet.
« On ne pouvait, ajoutez-vous, se conduire avec
» plus de légèreté. » Je n'en peux pas dire tout à
fait autant de votre manière d'écrire ; et, con-
tinuez-vous, « l'intervalle, etc. » Quant à ce qui
regarde l'intervalle mis entre la notification du
mandat d'arrêt et l'arrestation, je n'en ai pas
été plus content que vous ; mais, à qui s'en
prendre, s'il vous plaît, si ce n'est à celui qui
a ordonné l'arrestation et à ceux qui l'ont faite ?
Quant à ce que vous me dites « que c'est une

» faute, qui ne saurait être excusée, d'avoir mis
» en liberté la fille Cambon, sans qu'au préalable
» on ait cherché à rassembler toutes les preuves
» qui pouvaient accuser ou absoudre les pré-
» venus; » en vérité, monsieur le Conseiller,
permettez-moi de vous demander si vous étiez
bien éveillé quand vous avez écrit cette phrase?
Eh! mais la fille Cambon a été mise en liberté
moyennant caution, par un jugement du tribunal; jugement à la rédaction duquel je n'ai
dû ni pu coopérer en rien; jugement basé sur
le texte précis d'une loi; eh! de quel droit, je
vous prie, et sous quel prétexte aurais-je pu en
retarder le prononcé ou en empêcher l'exécution, quand la partie publique elle-même
n'avait pas jugé à propos d'y mettre la moindre
opposition! Peste, monsieur le Conseiller,
votre zèle est ardent; mais ce n'est pas tout, il
faudrait qu'il fût équitable; car ce n'est qu'ainsi
qu'il peut devenir utile au Roi.

Vous ajoutez ensuite, avec un sérieux qui
m'en a presqu'imposé à moi-même, « que
» vous attendiez de l'examen des papiers du
» sieur de Lametherie des documens extrême-

» ment précieux sur l'origine des cris sédi-
» tieux, etc. » Vraiment, monsieur le Conseiller, vous attendiez tout cela ! Pourquoi, je
vous prie, et depuis quand attendiez-vous
tant de choses ? car, faites bien attention à ce
que je vais vous dire : Pour attendre quelque
chose de quelqu'un, il faut ou qu'il doive vous
l'envoyer, ou qu'on le lui ait demandé : or,
ma lettre à monsieur le Préfet, en lui annonçant l'emploi que j'avais fait du rapport du
maire de Laclayette, est du 28 octobre, et
alors le sieur de Lametherie n'était point encore arrêté ; si donc monsieur le Préfet eût
attendu autant de merveilles de la saisie des
papiers de ce vieillard, il m'en aurait fait part
courrier par courrier ou même par une ordonnance, en me traçant la marche que je
devais suivre ; il l'aurait d'autant plus sûrement
fait que je lui annonçais la remise de cette affaire entre les mains du Procureur du Roi, et
que par conséquent il n'y avait pas un moment
à perdre s'il avait voulu que je prisse moi-
même d'autres mesures administratives. Cependant monsieur le Préfet ne m'a répondu

que le 28 du même mois, c'est-à-dire cinq
jours après, et par sa réponse, il se contente
d'approuver l'emploi que j'ai fait du rapport
et me recommande seulement *d'accélérer*
autant qu'il sera en moi le jugement de l'af-
faire , et de l'informer de ses résultats aussitôt
qu'ils me seront connus. Voilà donc tout ce
que monsieur le Préfet attendait de moi.
Mais, tudieu ! vous êtes bien un autre homme ,
et cédant au feu qui vous anime , vous m'an-
noncez fièrement « que l'étonnement de deux
» ministres pourra égaler leur mécontentement
» quand ils apprendront que l'observation d'un
» Maire , etc. » Eh ! monsieur le conseiller !
ils auraient encore été bien autrement étonnés
et mécontens s'ils avaient pu savoir, *que ces*
proclamations séditieuses , que l'émission de
ces faux écrits, dont vous leur rompiez si mal
à propos la tête, et qui devaient, selon vous,
se trouver chez M. de Lametherie, comme à
leur source, étaient autant de billevesées sorties
de la vôtre : allons, soyez de bonne foi, con-
venez que vous avez voulu vous donner la gloire
auprès de Leurs Excellences de la découverte

d'une petite conspiration : il est vrai que cela
vous a mal réussi ; mais enfin puisque c'était
vous seul qui, comme la montagne en travail,
aviez poussé les cris de l'enfantement, il aurait
été bien juste, ce me semble, que vous por-
tassiez seul aussi le ridicule de l'accouchement.
Il est vrai qu'il était plus commode de me
mettre tout cela sur le dos, et c'est ce que vous
avez fait avec autant de délicatesse que de justice. Au reste, ne croyez pas que ce soit l'observation du Maire de Laclayette qui m'ait
arrêté ; non, M. Aubel, si vous me faites
l'honneur de lire ce Mémoire, vous verrez que
j'ai pris des choses plus importantes sur mon
compte ; mais je n'ai pas voulu faire faire cette
saisie à l'époque où vous la demandiez à corps
et à cris, parce que j'étais convaincu qu'elle
était alors tout à la fois dérisoire et intempestive.

Elle était dérisoire, M. Aubel ; car, comme
vous me le faites si bien observer vous-même, il
s'était écoulé un long intervalle entre la notification du mandat d'arrêt et l'arrestation ; temps
que le sieur de Lametherie a employé comme

il l'a jugé convenable, et je le connais assez pour vous répondre que si cet homme avait quelques précautions à prendre, relativement à ses papiers, il n'y a pas manqué; elle était dérisoire encore en ce que la fille Cambon, domestique du sieur de Lametherie, était chez lui depuis plusieurs jours : et si l'on a des reproches à faire à cette fille, ce n'est sûrement pas celui d'être maladroite; or, il est de l'intérêt de la magistrature de ne rien faire que l'on puisse tourner en dérision; donc il ne fallait pas faire cette saisie.

Mais en outre elle était intempestive, M. Aubel; car quoique je fusse parfaitement convaincu que le sieur de Lametherie n'était à la tête, ni ne faisait partie d'aucune conspiration, je n'ignorais pas cependant que cet homme, méchant par nature, turbulent par tempérament, et agitateur politique par habitude autant que par opinion, devait, s'il était possible, être éloigné de mon arrondissement; je l'ignorais si peu, M. Aubel, que dans un rapport adressé directement par moi et en l'absence de monsieur le Préfet, à Son Excellence le

Ministre de la police générale, sous la date du 15 novembre 1815, j'avais l'honneur « de » le supplier de vouloir bien ordonner sur-le-» champ que, par mesure de haute police, le » sieur de Lametherie soit éloigné de mon » arrondissement et même du départament, » dans le cas, ajoutais-je, où, *comme j'ai lieu* » *de le craindre*, les tribunaux viendraient à » l'acquitter, etc. etc. » Vous voyez donc aussi, M. Aubel, que je n'ignorais pas non plus qu'il était à craindre que les faits imputés à ce particulier par le maire de Laclayette ne pussent être prouvés devant les Tribunaux ; dès-lors je ne crois pas qu'il soit hors de votre por-tée de comprendre que la saisie que vous me demandiez était intempestive, puisqu'elle au-rait produit une preuve à la décharge du sieur de Lametherie, attendu que non-seulement on n'aurait pas trouvé de papiers qui le char-geassent, mais qu'il y avait tout à parier au contraire qu'on en eût trouvé d'autres, mis après coup, j'en conviens, mais qui ne l'eussent pas moins fait blanc comme neige. Donc, comme un magistrat ne doit pas prendre de mesure intempestive , j'ai bien fait de ne point insister pour qu'on fît cette saisie.

Malgré tout cela , M. Aubel, vous m'avez dénoncé à deux ministres comme coupable dans cette affaire ; j'ai même été vertement réprimandé par l'un d'eux, au moins d'après ce que m'en a dit M. le Préfet qui n'a pas voulu m'envoyer cette réprimande , vu, a t-il eu la bonté d'ajouter, qu'il la trouvait injuste, ce sont ses propres expressions ; mais je vous pardonne de tout mon cœur et je vais finir notre petit démêlé en vous rappelant un trait de bon sens des Mâconnais auquel vous n'avez peut-être pas prêté toute l'attention qu'il méritait.

Vous vous souvenez sans doute , M. Aubel, que les anciens avaient l'habitude de donner à leurs fameux personnages, un surnom tiré de la partie saillante de leur caractère, de leur esprit ou de leurs actions; vos concitoyens ont perpétué cet usage à votre égard, et d'après l'analyse que je viens de faire de votre lettre , vous ne pourrez vous empêcher de vous récrier avec moi sur la sûreté du tact qui les a dirigés

dans le choix de l'épithète qui vous désigne
parmi eux. Quant à moi, j'en suis tout édifié,
et je leur en fais mon sincère compliment.
Mais c'en est assez sur cet objet qui, aussi
bien, pourrait ne vous être pas agréable : re-
venons donc aux actes de mon administration.

J'ai déjà eu l'occasion de dire qu'en arrivant
dans mon arrondissement je l'avais trouvé couvert de troupes étrangères, et sans autres moyens
de les faire subsister que la voie des réquisitions. Malgré l'irrégularité de ce mode qui
prêtait aux gaspillages de tous les genres, nous
nous serions trouvés trop heureux si les chefs
Autrichiens avaient borné là leurs prétentions ; mais il en était bien autrement, et des
demandes d'argent, de marchandises de toutes
les espèces, et toujours exagérées et plus injustes les unes que les autres, m'arrivaient de
tous les points de ma Sous-Préfecture. Je compris que pour ne pas réduire mes administrés
au dernier degré du désespoir, et que par
conséquent, pour éviter des scènes qui seraient
indubitablement devenues sanglantes, il fallait,
au risque de ce qui pourrait m'en arriver per-

sonnellement, opposer aux chefs des alliés
une fermeté tranquille, mais imperturbable.
En conséquence, je répondis à la première
demande injuste qui me fut faite, que j'étais
magistrat du Roi et non de l'Empereur d'Autriche; qu'ainsi je ne pouvais obéir qu'à des
ordres émanés de mon Préfet, qui se trouvait
à Mâcon, et que je les invitais à s'adresser à
lui. Ce fut en vain qu'ils employèrent les rai-
sonnemens, les menaces et même jusques aux
prières; je leur répondais avec un flegme très-
poli, mais toujours la même chose. Bientôt
les exécutions militaires se succédèrent chez
moi pour ainsi dire sans interruption; et selon
le caractère des différens officiers qui les or-
donnaient, elles étaient plus ou moins vexatoires. Plusieurs fois je me vis forcé de me
dérober à leurs recherches, car ils manifestaient l'intention de me faire essuyer les plus
grands outrages pour, disaient-ils, vaincre
mon obstination. Une fois, notamment, ils
enfoncèrent les portes de mon appartement et
volèrent mon argent. Ce fut en supportant
ainsi avec patience et courage, et ce durant

près de trois mois, ces vexations sans cesse
renouvelées, que je parvins à sauver à mes
administrés le paiement de sommes considérables : et pour m'en récompenser !!!. Mais
ce n'est pas encore tout. Les embarras dont
je viens de parler étaient, de temps à autre,
augmentés par des disputes plus ou moins vives,
mais toujours dangereuses, entre les habitans et
les troupes étrangères. C'est ainsi qu'une nuit
un exprès m'apporta la nouvelle qu'un soldat
autrichien avait été assassiné à Gueugnon, petit bourg de mon arrondissement ; que les
Alliés étaient en armes et disposés à se livrer
aux plus grands excès, et qu'il n'y avait pas un
instant à perdre pour rétablir le calme et éviter, à cette malheureuse commune, les plus
grands maux. Après avoir pris les informations nécessaires sur la manière dont l'affaire
s'était passée, je montai à cheval malgré un
temps horrible ; j'allai trouver le général *Le-*
derer qui m'honorait de quelqu'estime ; déjà
il était instruit de tout : je lui démontrai avec
force que cet assassinat n'étant pas le résultat
des mauvaises opinions des habitans de Gueu-

gnon , et encore moins celui d'une émeute
populaire , il rentrait dans la classe des crimes
ordinaires dont les tribunaux seuls devaient
prendre connaissance , et que, par conséquent,
il serait souverainement injuste d'en faire mi-
litairement supporter le châtiment à cette
commune. Le général se rendit à mes raisons,
et cette malheureuse affaire n'eut pas de suites
fâcheuses. Quelque temps après , nouvelle
alerte : on vint m'apprendre que dans le village
de Baudemont, après avoir désarmé et brisé
les fusils de deux Autrichiens qui s'y trouvaient
en garnisaires , on s'était en outre permis de
les rouer de coups ; que le Colonel de ces soldats était furieux ; que déjà il avait donné
l'ordre à quatre compagnies de s'y transporter
et d'y vivre à discrétion ; qu'enfin la commune
était perdue si cet ordre n'était au plus tôt ré-
voqué. Les deux soldats battus étaient du deu-
xième bataillon léger, commandé par M. le
Baron d'Haino que je connaissais personnellement : je me rendis chez lui ; il était vio-
lemment irrité du traitement fait à ses chasseurs;
j'eus beaucoup de peine à m'en faire écouter :

7

enfin, je parvins à lui persuader qu'avant de
livrer au pillage toute une commune, il fallait
au moins savoir jusqu'où ses torts s'étendaient:
je le décidai à suspendre le départ de ses troupes
et à se rendre lui-même avec moi sur les lieux
pour examiner l'affaire. Pendant la route sa colère eut le temps de se calmer ; j'en profitai
pour le disposer favorablement ; et lorsque
nous fûmes arrivés, comme il fut établi que
les deux soldats avaient eu les premiers torts,
il eut la bonté d'annoncer, qu'à ma considération, il laisserait là cette affaire ; et ce village en fut quitte pour payer les fusils brisés et
quelques frais d'exécutions militaires.

Il existe à l'une des extrémités de l'arrondissement de Charolles une petite ville célèbre
par ses eaux thermales, appelée Bourbon-Lancy. Sa situation la rendait malheureusement le
point de passage de toutes les troupes qui se
trouvaient répandues dans les départemens voisins et situés de l'autre côté de la Loire ; en sorte
qu'un jour je vis arriver son Maire, le désespoir
peint sur la figure ; il m'annonça qu'on venait
d'être prévenu à Bourbon que 15,000 Wurtem-

bergeois de toutes armes devaient y passer dans
deux jours et même y séjourner ; que cependant
ils n'avaient ni farine, ni vin, ni foin, ni
avoine, ni moyen de s'en procurer ; que les
habitans étaient résolus de déserter leurs mai-
sons plutôt que de s'exposer aux mauvais traitemens qui leur étaient réservés par les Wurtembergeois, et qu'il en arriverait ce qui pourrait. Il n'était pas temps de délibérer ; je n'a-
vais que quelques instans devant moi et la ville
menacée se trouvant à dix lieues de Charolles et à vingt lieues de la préfecture, il
était impraticable de prendre des ordres
supérieurs. Dans ce cruel embarras ; je pris le
parti qui m'avait déjà souvent réussi : je montai à cheval et me transportai sur les lieux. Là
je trouvai les habitans assemblés par groupes et
dans la plus profonde consternation ; je réunis
sur-le-champ le conseil municipal qui, dans
cette crise, se trouva composé de tout ce qu'il
y avait de notables dans la commune ; je leur
fis sentir que le désespoir ne remédiait à rien,
je leur rendis le courage et je pris sur l'heure
des mesures pour assurer le service. Elles leur

7.

parurent suffisantes et elles l'étaient effective-
ment. Certes, je ne prétends pas dire que j'ai
fait plus que mon devoir, ni ne demande pour
cela aucune récompense. L'espérance et la joie
que je vis à cet instant briller sur toutes ces fi-
gures naguères si tristes et si mornes m'a payé
bien au-delà les peines que je me suis alors données ; mais au moins ce n'était pas un titre à la
disgrâce ! Il est vrai que toutes les mesures que
je venais de prendre de ma propre autorité
furent approuvées sans restriction par M. le
Préfet qui m'écrivit, sous la date du 6 octobre,
la lettre suivante :

« Monsieur, je m'empresse d'approuver les
» mesures que vous avez prises par l'arrêté
» joint à votre lettre du 3 de ce mois, pour
» assurer la subsistance du corps de troupes
» Wurtembergeöises qui doit passer à Bourbon-
» Lancy. Je vous serai obligé de me rendre
» compte du passage de ces troupes, aussitôt
» qu'il aura été effectué. »

Il était dit que j'aurais le bonheur d'être deux
fois utile à cette trop malheureuse petite ville ;

et en effet, peu de temps après il m'arriva
un messager de sa part qui m'apportait la
triste nouvelle que les Wurtembergeois avaient
déclaré à la mairie qu'ils étaient résolus à se livrer à tous les excès si, dans les vingt-quatre
heures, on ne leur livrait pas six cents mesures
d'avoine dont ils prétendaient avoir un besoin
indispensable pour leur départ ; et, m'ajouta
l'envoyé, non-seulement nous n'en avons pas
vingt mesures dans tout le canton , mais il nous
serait en outre impossible de nous les procurer
ailleurs, quand bien même nous aurions le
temps nécessaire, vu que nous sommes complettement ruinés. Je ne savais que trop la vérité de ce qu'il me disait ; mais je ne voyais
pas comment trouver une si grande quantité
d'avoine en si peu de temps. Dans cette circonstance critique, je résolus d'avoir recours
à ceux-là même d'où le mal nous venait. Les
Alliés avaient des magasins considérables à
Charolles ; j'allai donc trouver les gardes-magasins, qui tous avaient de l'estime pour moi ; je
leur peignis la cruelle position des habitans de
Bourbon-Lancy et les priai de leur prêter six

cents mesures d'avoine, en leur disant que je m'engagerais personnellement à ce que, dans cinq jours, cette denrée fût restituée dans leurs magasins. Ils y consentirent à cette condition, et les citoyens de Bourbon purent encore une fois dormir tranquilles.

Telle est en gros la conduite que j'ai tenue dans l'exercice de mes fonctions de Sous-Préfet : elle a été constamment la même dans les détails, et je ne saurais y apercevoir le moindre motif d'une disgrâce. Cependant j'ai été destitué et remplacé ; par qui encore ? par un homme dont la conduite politique a été au moins équivoque dans l'arrondissement même où on le replace à mon détriment, et dont l'administration y a été fautive.

Sa conduite politique a été équivoque ; car il est de notoriété publique que le sieur Bruis a été un des premiers à se revêtir des couleurs de la révolte ; il est de notoriété publique qu'il s'est transporté à la mairie de Bonaparte, et que là, il a déclaré qu'il aurait autant de zèle pour le service de *l'Empereur* que pour celui du Roi. Sa conduite politique a été équi-

voque ; car à l'époque où j'étais retenu dans
les cachots de l'usurpateur , et pour ainsi
dire entre la vie et la mort , le 9 avril enfin
le sieur Bruis, exerçant les fonctions de Sous-
Préfet pour Bonaparte , écrivait à différens
Maires de son arrondissement : « Lorsqu'on a
» eu connaissance de l'*insurrection* qui s'était
» manifestée dans le *midi* , partout on a fait
» éclater le désir de voler au secours de la
» *Patrie*.

» Les Gardes Nationales de Mâcon , Châ-
» lons , Tournus , Cluny , Cuisery, sont or-
» ganisées et n'attendent que le signal pour
» partir ; je ne doute pas que le même em-
» pressement n'existe dans votre ville , etc.; » et
dans un autre endroit : « Il faut (en parlant
» des Gardes Nationales) qu'elles soient com-
» posées d'hommes en état de bien servir , et
» *sincèrement attachés à l'Empereur.* » Et
voilà l'homme qu'on me préfère , cet homme
qui veut être absolument Sous-Préfet , fût-ce
de Koulikan ; qui , d'un caractère semblable
à celui des chats , s'attache à la maison sans
s'inquiéter des maîtres qui l'habitent ! Je l'a-

voue, le choix d'un pareil remplaçant m'a rendu ma destitution plus sensible encore.

Ce n'est pas tout; j'ai dit que l'administration du sieur Bruis avait été fautive, et je vais l'établir. Chargé en 1814 de l'organisation de la garde nationale, pour le Roi, (car il en a été chargé par tout le monde), il l'a fait avec une partialité si révoltante, et s'y est permis des exclusions à la fois si choquantes et si odieuses, que cette mauvaise opération a fait dans l'arrondissement de Charolles plus d'ennemis à la cause royale que tous les Bonapartistes ensemble. De-là aussi la haine qu'on lui porte et dont on lui a donné de si belles preuves; car il ne faut pas qu'il veuille persuader que c'est à cause de ses opinions qu'on a brisé ses croisées; non, c'est son injustice, qui avait révolté tous les esprits, qui en a été le véritable motif.

Voilà donc déjà une obligation que l'arrondissement de Charolles a à M. Bruis; en voici une autre.

Sur la fin de juillet 1815, il y eut une réquisition de denrées frappée sur l'arrondissement: le 2 août, M. le Préfet écrivit à M. Bruis

d'en frapper une seconde en tout le double de
la première. Celui-ci qui sans doute avait égaré
celle de juillet, en répartit une à sa tête et
envoya ce travail à la préfecture : on le lui
renvoya bien vite, comme l'on pense, en lui
spécifiant pour le coup les espèces et les quantités de denrées qu'il fallait répartir, et en l'invitant à recommencer sa mauvaise besogne.
Par une négligence que rien ne saurait excuser,
le sieur Bruis fit faire son nouveau tableau de
répartition dans ses bureaux ; mais il n'en pré-
vint en aucune façon les cent quarante-cinq
communes de l'arrondissement. Le 27 du même
mois d'août, je repris le service, et le sieur
Bruis ne me parla ni de sa bévue ni du nouveau
tableau qu'on avait fait : cependant je fus informé que cette réquisition existait, et alors
je m'enquis des employés si la répartition en
était faite : l'on me répondit que oui, et l'on
me montra le dernier tableau fait, qui était
le bon, sans me parler de ce qui était arrivé
pour le premier. Les Autrichiens ne pressant
pas la rentrée de cette réquisition, les choses
restèrent en cet état durant quelque temps ;

enfin, le moment de leur départ approchant, ils en exigèrent impérieusement la rentrée, sous peine d'exécution militaire : alors, les communes s'empressèrent de s'exécuter : mais qu'on juge de leur désespoir, quand à l'arri-vée des denrées aux magasins des Alliés, non-seulement les gardes-magasins demandè-rent des quantités plus fortes, mais même des espèces absolument différentes de celles que portaient les réquisitions; en sorte, par exem-ple, que telle commune qui devait livrer de la farine et du vin, se trouvait avoir apporté du foin et de l'avoine, et ainsi des autres. Les Autrichiens, de leur côté, qui cru-rent voir qu'on voulait les amuser pour gagner du temps et ne rien livrer, se mirent en fu-reur, et dans un instant le malheureux ar-rondissement fut couvert d'exécutions mili-taires d'autant plus sévères qu'ils croyaient qu'on voulait se jouer d'eux ; enfin, les choses s'expliquèrent ; mais cette gentillesse de M. Bruis n'en a pas moins coûté à son arron-dissement des vexations inouies et des frais énormes.

Vers le milieu de juillet 1815, un coup de fusil fut tiré sur un hussard autrichien, mais si heureusement pour lui qu'il n'en fut pas blessé; quelques grains de fonte seulement restèrent dans son schakos: on a vu que dans une circonstance semblable, mais bien plus grave, je n'avais pas balancé à me transporter chez le général *Lederer*, et qu'avec de l'activité et de la fermeté j'étais parvenu à arranger cette affaire sans qu'il en coûtât un sou au bourg de Gueugnon. Eh bien! le sieur Bruis ne bougea pas de chez lui à la vérité; mais le petit village de Palinge, sur le territoire duquel s'était tiré le malheureux coup de fusil, fut obligé de compter 5,000 fr. qui furent exigés, avec des formes extrêmement vexatoires, des principaux propriétaires de la commune, et notamment de Madame la Comtesse de Lacôte; et voilà comment cet homme administrait. Maintenant, si on me demande de quelle manière il a pu venir à bout de me supplanter, rien ne me sera si facile que de répondre à cette question.

Les quatre mois que j'ai passés à Charolles dans des occupations aussi pénibles que nom-

breuses, il les a passés lui, à Paris, dans des
intrigues de toutes espèces : par son ton radouci
et ses roulemens d'yeux, il est parvenu à intéresser la députation et à obtenir l'appui
de personnes aussi respectables par leur haut
rang que puissantes par leur crédit; et cela ne
m'étonne pas du tout, puisque moi-même, en
arrivant à Charolles, j'ai été la dupe de son
insidieux patelinage : oui, en vérité, il m'a-
vait tellement persuadé de l'erreur du gouvernement, à son égard, je croyais de si
bonne foi qu'il était la victime de l'intrigue,
que je fus le premier à lui conseiller
de partir sur - le - champ pour Paris : je fis
plus, je l'assurai que s'il parvenait à obtenir
une des trois sous-préfectures que je lui dési-
gnai, je me ferais un plaisir, non-seulement
de consentir à l'échange, mais même d'employer toutes mes protections pour l'obtenir;
et dès - lors il fut convenu entre nous que
toutes ses démarches tendraient à ce but; que
j'en attendrais le résultat avant de faire venir
mon ménage à Charolles; que pendant ce
temps-là sa famille continuerait d'occuper les

appartemens de la sous-préfecture où je me
contenterais d'une simple chambre ; et, pour
mettre le comble à mes bons procédés, je
lui offris une lettre de recommandation pour
Paris, qu'il accepta. Au reste, je lui promis
d'avoir pour son épouse (la plus doucette personne du monde) non-seulement tous les
égards que sa situation méritait, mais d'inter-
poser même mon autorité, s'il le fallait ;
pour empêcher toutes les petites vexations
qu'on voudrait probablement lui faire essuyer
dans un pays où son mari était si généralement
haï. Ma femme que la situation de cette famille
intéressait, et qui était présente à ces sacrifices
que mon bon cœur seul me dictait, sacrifices
d'autant plus grands qu'en agissant ainsi, il
fallait encore vivre pendant quelque temps
éloigné d'elle et de mes enfans ; ma
femme, dis-je, avait eu la générosité de
m'y engager elle-même ; et ce fut après
m'être conduit de cette manière envers
lui, que M. Bruis partit pour Paris.

La première chose qu'il fit en y arrivant fut
d'oublier complettement ce qui venait de se

passer entre nous, et mettant dans ses démarches autant de duplicité que j'avais mis de
franchise dans mes procédés, il s'attacha à
toutes les personnes qui me voulaient du mal,
et qui, par cela même, se trouvaient dispo-
sées à le servir. D'abord, il ne demanda pas
une des trois sous-préfectures comme nous en
étions convenus, mais bien directement celle
de Charolles, sans s'inquiéter de ce que je
pourrais devenir : ensuite, quoiqu'il sût parfaitement les propos calomnieux qu'on débitait
sur mon compte, et qu'il n'ignorât pas non
plus qu'on s'en appuyait pour le servir, il eut
l'indélicatesse, pendant les trois mois que les
odieux tripotages durèrent, de ne pas m'écrire
une seule ligne; manquant ainsi tout-à-la-fois
à sa parole et à la reconnaissance, car il m'en
devait pour ma façon d'agir envers lui avant
son départ, et envers sa famille après qu'il
fut parti, et aux simples égards de politesse
dont les honnêtes gens ne se dispensent jamais.
C'est fort bien, me dira-t-on; mais il n'en
est pas moins sous-préfet : d'accord; mais pour
la plus belle préfecture du royaume je ne

voudrais pas avoir donné le droit à un homme de me faire les reproches que je viens d'adresser à M. Bruis.

Je termine ici ce Mémoire dont on aura sans doute trouvé le style peu soigné et le narré bien long, sans que la rapidité avec laquelle j'ai été obligé de rassembler mes matériaux et de les mettre en œuvre m'aît permis de polir l'un autant que je l'eusse désiré, et de rendre l'autre plus court. Encore n'ai-je pas l'espérance d'avoir réfuté toutes les absurdités qu'on s'est plu à débiter sur mon compte ; tant la calomnie a été féconde en inventions pour me nuire ! Néanmoins je crois en avoir dit suffisamment pour détromper les personnes qui étaient de bonne foi dans l'erreur à mon égard ; et dès-lors le but de cet ouvrage est rempli. Il ne me reste plus qu'à le clore par un dilême auquel il me paraît difficile de répondre :

Ou les faits que je viens d'avancer dans le cours de cet écrit sont vrais, ou ils sont controuvés.

S'ils sont vrais, je demande justice et récompense ;

Si, au contraire, ils sont controuvés, il faut la faire aux honnêtes gens en me faisant juger comme un vil imposteur.

Fait à Paris, le 30 janvier 1816.

B. BUGUET,

Ex-Sous-Préfet de l'Arrondissement de Charolles, Département de Saône et Loire.

PIÈCES JUSTIFICATIVES.

N°. 1er.

VIVE LE ROI !

Armées Royales. — Division de Franche-Comté.

Je soussigné Chevalier de l'ordre Royal et Militaire de Saint-Louis, Lieutenant-Colonel au service de S. M. C. le Roi Ferdinand VII, ancien capitaine de grenadiers à la légion *Roger de Damas, ci-devant Mirabeau*, employé comme Colonel sous les ordres du Maréchal-de-camp Comte de Chardon dans l'armée du Général Villot, qui devait être commandée en

8

chef par S. A. R. Monseigneur le Duc de Berry,
atteste :

Que dans le parti formé en 1803 dans la
province de Franche-Comté dans le dessein
de rétablir la dynastie légitime sur le trône de
France , M. Buguet , aujourd'hui Capitaine d'é-
tat-major , fut chargé du commandement d'une
division dans l'insurrection du Jura , dont la
dispersion des chefs opérée par la police du tyran, fit manquer les heureux résultats que
nous nous en promettions.

J'aime, en même temps , à avouer hautement que je dois peut-être la vie , et bien sûrement la liberté , à l'avis que ce brave officier
(malgré les dangers qu'il courait en se mon-
trant) vint me donner, que l'ordre de m'arrêter était arrivé pendant la nuit : ce qui me
donna le temps de fuir.

J'atteste aussi que , dans un conseil tenu à
Besançon , M. Buguet ouvrit l'avis d'enlever
Bonaparte à son départ de Dôle , et demanda ,
pour récompense , d'être chargé de l'exécution
de ce projet , ce que je ne pus refuser à son zèle
et à son courage bien connus ; qu'il fut , à la

tête d'une troupe armée , l'attendre dans la forêt de *Tassenière* , et que la providence seule , qui réservait apparemment l'usurpateur à une fin moins honorable , le sauva dans cette circonstance , en le faisant , inopinément et contre toutes les apparences , changer de route.

Il me serait impossible de donner un détail exact des services rendus par M. Buguet , ainsi que par plusieurs autres de nos dignes camarades , et bien moins encore de peindre son zèle , son activité et son dévoûment.

Je m'estime heureux de trouver cette occasion de lui rendre une justice qu'il mérite à tous égards.

Donné à Toulouse , le 3 novembre 1814 ,

Signé le Lieutenant-Colonel,

J. PYRAULT.

8.

N°. 2.

Je soussigné Chevalier de Saint-Georges, etc., etc., Maire de la ville de Lons-le-Saulnier, ancien Commissaire extraordinaire du Roi en Franche-Comté,

Atteste que les services rendus par M. Benoît Buguet à la cause royale, en 1803 et 1804, dans l'insurrection commencée dans la province ci-dessus, ainsi que les persécutions qui qui en ont été la suite, sont de mon intime connaissance.

Que ce fut ce brave officier qui, le premier, ouvrit l'avis d'enlever Bonaparte dans la forêt de *Tassenière*; qu'il y commanda un corps armé à cet effet, et que le hasard seul fit échouer son entreprise.

J'atteste en outre que, quelque temps avant l'entrée des alliés en Franche-Comté, M. Buguet vint me trouver à Lons-le-Saulnier, me proposa de soulever le pays, de proclamer sur-le-champ Louis XVIII, et de nous battre avec les Autrichiens s'ils voulaient le rétablissement de la dynastie, ou contr'eux s'ils s'y opposaient.

La marche rapide des alliés rendit nul cet honorable projet ; mais le zèle de M. Buguet, dans ces circonstances comme dans toutes celles ayant rapport à la restauration des Bourbons ne s'étant jamais démenti, j'ai cru devoir lui délivrer le présent certificat pour lui servir devant qui de droit.

Fait à Paris, le 7 décembre 1814,

Signé le Marquis X^r. DE CHAMPAGNE.

N°. 3.

Je vous remercie, Monsieur, de me fournir une occasion de rendre justice à votre conduite, et à vos services, tout en regrettant que mon nom ne puisse pas attacher un sceau plus solennel à ma déclaration : mais elle sera confirmée dans toutes ses parties et sans aucune restriction par M. le Lieutenant-Colonel Pyrault et par M. le Marquis de Jouffroy, vos chefs et les miens dans l'expédition sur laquelle vous me faites l'honneur d'invoquer mon témoignage.

Je reconnais avec plaisir, Monsieur, pour valoir devant qui il appartiendra, que vous fûtes investi dans le cours de l'année 1803, sur des communications immédiatement émanées du Roi, du grade de chef divisionnaire dans l'insurrection du Jura, et que vous prîtes une part très-active à ce mouvement qui n'eut malheureusement pas toutes les suites que nous pouvions en attendre.

Je reconnais, Monsieur, que c'est vous qui suggérâtes l'idée d'enlever Bonaparte à son passage, et que vous fûtes chargé du commandement d'un corps armé dans la forêt de *Tassenière*, pour cette opération importante que le hasard seul fit échouer en inspirant à l'usurpateur l'idée de se détourner de sa route ordinaire à un relai près.

J'ai su depuis que les suites de cette entreprise ne vous avaient pas été moins funestes qu'à moi-même, et que vous n'aviez dû votre liberté totale qu'à l'heureux événement de la restauration.

Je vous prie de compter, Monsieur, sur tous les sentimens que je dois à votre courage et à votre fidélité éprouvée envers vos Souverains. Ils vous sont acquis comme mon affection particulière, et ils dureront autant qu'elle. Je désire de tout mon cœur que cette assurance vous soit agréable.

Je, etc.,

Signé Charles NODIER.

— ✳ —

N°. 4.

Besançon, le 6 novembre 181.

J'ai reçu, Monsieur, votre lettre du 1er. novembre 1814, et je m'empresse de répondre à son contenu.

Vous me connaissez assez pour être convaincu que je me ferai toujours un devoir de rendre justice à la vérité, principalemeut quand il s'agira d'attester la conduite des braves qui coopéraient avec moi à la restauration de la France et du trône de notre légitime Souverain.

Quoique nos efforts aient été infructueux, ils n'en ont pas moins tout leur mérite, et mis sous les yeux du Roi, ils ne peuvent manquer de lui plaire. Mais accoutumé à ne jamais embellir mes narrations, et convaincu qu'un exposé vrai et nu a toujours plus de force que s'il était orné d'épisodes, je me contenterai de retracer succinctement les faits.

En 1803, votre activité et vos opinions m'étaient personnellement connues; vous avez été un des premiers à suggérer l'idée d'enlever Bonaparte, et vous avez été mis à la tête d'un des rassemblemens que nous avions formés dans la forêt de *Tassenière*; le changement de route de Bonaparte a fait échouer le projet.

Voilà, suivant moi, l'attestation simple dont vous pouvez vous servir utilement, qui renferme tout ce que vous désirez et qui porte la vérité.

Agréez, je vous prie, l'assurance etc.,

Signé le Marquis de Jouffroy d'Abban.

N°. 5.

C'est avec plaisir , Monsieur , que je rendrai toujours justice à votre dévoûment à la cause Royale. A l'époque où les Autrichiens approchaient de notre pays, et où l'on s'attendait tous les jours à voir arriver un sénateur chargé de pouvoirs illimités , vous vîntes me proposer de joindre nos efforts pour faire un parti, résister aux ordres rigoureux qui pourraient être donnés , et nous réunir aux défenseurs de la cause de l'illustre famille des Bourbons.

Vous vous rappelerez sans doute l'empressement avec lequel j'accueillis votre ouverture , et les causes qui empêchèrent l'exécution de cette entreprise. Recevez, Monsieur, mes remercîmens de ce qu'alors vous avez pensé à moi pour coopérer à l'exécution d'un aussi noble projet. Je m'en trouve fort honoré , et , j'ose le dire, vous ne fîtes que me rendre justice dans

les sentimens d'attachement que vous me sup
posâtes, et que j'aurai toujours pour cette illustre et trop long-temps infortunée famille.

Agréez, etc. .

Beauvais, le 31 octobre, 1814.

Signé BRENEY.

————✳————

N⁰. 6.

Nous, Maire de Besançon, Baron et membre
de la légion d'honneur, certifions que M. Benoît Buguet a été placé sous la surveillance spéciale de la police, en 1803, prévenu d'avoir
formé un projet pour la restauration de la monarchie ; que, par suite de cette mesure, M. Buguet a été obligé de quitter cette ville où il commençait à exercer la profession d'avocat, et
qu'il a été envoyé successivement dans différentes villes sous une surveillance rigoureuse ; et,

enfin, que cette mesure a préjudicié aux intérêts de M. Buguet par la perte de son état et celle d'un établissement avantageux qu'il était sur le point de former.

En foi de quoi nous avons délivré le présent.

A la mairie de Besançon, le 24 octobre 1814.

Signé le Baron DACLIN.

N°. 7.

Nous, Maire et Adjoints municipaux de la ville de Charolles, attestons comme faits constans : 1°. que dans le courant de septembre dernier, MM. les Commandans des troupes alliées ont frappé cet arrondissement d'une forte réquisition de tabacs ; que M. Buguet, sous-préfet, a résisté à cette demande ; qu'il a subi pour cela huit à dix exécutions militaires, et que c'est par sa fermeté seule que les tabacs n'ont pas été livrés,

20. D'autres demandes beaucoup plus considérables en draps, toiles, etc., furent formées dans le même temps ; M. le sous-préfet convoqna les maires de l'arrondissement, et nous devons à la sage lenteur de ses opérations de n'avoir acquitté qu'une faible partie de ces demandes.

En foi de quoi nous avons délivré le présent et nous sommes soussignés les jour et an susdits.

Signé de CHAMPAGNY, maire ; de BALLORE, premier adjoint ; MONTMESSIN, second adjoint.

───── ❈ ─────

N.º 8.

Monsieur, l'avis que vous m'avez donné par votre lettre du 19 de ce mois, de l'arrangement de l'affaire malheureuse de Gueugnon, m'a fait le plus grand plaisir. Je vous témoigne sur-tout ma satisfaction pour le zèle que vous avez montré dans cette circonstance et auquel paraît être dû principalement le succès de la négociation ouverte avec M. le général *Lederer*.

Je ne doute point que vous ne portiez votre attention sur les suites qu'aurait l'affaire, si, contre les assurances même données par le général qu'elle est terminée, il devait être encore exigé de l'argent des habitans. Ne négligez rien des moyens qui sont à votre disposition pour prévenir l'effet des prétentions de ce genre. La cause du délit commis étant bien reconnue être indépendante de tout ce qui tient à l'opinion, les chefs des troupes autrichiennes n'ont plus de prétextes et moins encore de motifs pour rendre la commune responsable et la frapper d'une contribution en réparation du délit.

Recevez, etc.,

Mâcon, le 22 septembre 1815.

Signé de RIGNY, préfet du département de Saône-et-Loire.

N°. 9.

Monsieur, j'ai reçu vos rapports des 10 et 12 octobre ; concernant l'affaire de Baudemont. J'y ai vu avec beaucoup de satisfaction que vous êtes parvenu à prévenir les suites fâcheuses qu'elle pouvait avoir pour cette commune.

Je rends compte de toutes ces circonstances à S. E. le Ministre de la police générale, et je l'informe de l'arrestation des sieurs Lepine, Montagnon et Jommain, et des poursuites que vous avez provoquées contre ces trois individus auprès du ministère public à Charolles.

Je vous invite à vouloir bien me mander le résultat de votre enquête à l'égard du maire de Baudemont, ainsi que les suites de l'affaire entre les mains du procureur du Roi.

Recevez, etc.

Mâcon, le 15 octobre 1815.

Signé de Rigny, Préfet du département de Saône-et-Loire.